Balades
des jours ordinaires

DU MÊME AUTEUR

Les Secrets des enfants, Robert Morel, 1960.
Occitanie 1970 : les poètes de la décolonisation, Pierre-Jean Oswald, 1971.
Dins de papetas rojas (Dans de petits chiffons rouges), Institut d'études occitanes, 1975.
Le Troupeau d'abeilles, CIDO, 1983.
La Sopa d'espillas (La Soupe aux épingles), Institut d'études occitanes, 1983.
Apollonie : reine au cœur du monde (avec Henri Jurquet), Plon, 1984.
Béziers dans ses vignes, Loubatières, 1986.
Bréviaire, Narbonne, Recherches graphiques, 1987 ; Payot, 1994.
Nous les filles, Payot, 1990.
Sonatine pour un petit cadavre, Climats, 1991.
Le Crin de Florence, Climats, 1992.
Les Enfants du bagne, Payot, 1992.
Je ne dois pas toucher les choses du jardin, Payot, 1993.
Tout jardin est Éden, Climats, 1993.
La Marche lente des glaciers, Payot, 1994.
Qu'a-t-on fait du petit Paul ?, Payot, 1996.
Il a neigé cette nuit, Climats, 1997.
Petit Traité romanesque de cuisine, Loubatières, 1990 ; Payot, 1997.
Douze Petits Mois, Desclée de Brouwer, 1998.
Quatre Temps du silence, Payot, 1998.
Chemin de croix des femmes, Desclée de Brouwer, 1999.
Infini de π, Climats, 1999.
Petites prières, Desclée de Brouwer, 2000.
Dans la douce chair des villes, Payot, 2000.

Marie Rouanet

Balades des jours ordinaires

Petite Bibliothèque Payot/Voyageurs

Préambule

Dès que je quittais la portion de rue où j'habitais, j'étais frappée par la totale nouveauté du monde. Il avait suffi d'un pas pour créer une distance radicale entre mon univers familier et l'étranger alors aussi étrange qu'un lointain situé à des kilomètres.

De ce boulevard d'Angleterre qui passait au bas de ma rue, de la place de la Poste guère plus éloignée, j'ai le souvenir d'un exotisme total. Si bien que dans ma mémoire ils ont les couleurs des pays les plus lointains. Les vitres de la salle des sports « La Vigilante » brillent d'un éclat cinématographique, la maison de la vieille Jalade et son linge lumineux ont des allures d'Italie, le talus inculte sous les remparts est un tel ailleurs que je n'eusse pas été surprise d'en voir sortir des singes et que les pies et les écureuils qui y logeaient étaient autant d'animaux d'au-delà des mers. Lorsque je pense à Canterelle, cette rue très pentue qui descend tout droit jusqu'au bord de la rivière évoque l'aventure dangereuse. Un jour mon doigt fut pris dans la porte de fer d'un magasin. Longtemps je pleurai assise sur le trottoir bordé de granit, la main dans une cuvette d'eau salée que le commerçant prépara pour me soulager. Le cœur au bout du doigt, les yeux pleins de larmes, je perçus le couchant éblouissant, le pavage de la rue, les gens qui passaient comme la plus dangereuse des expéditions africaines.

Ces impressions m'ont suivie longtemps et demeurent toujours.

Les objets qui me restent de ces lieux — si proches et pourtant si neufs, seulement par la nouveauté du regard — me sont bibelots ramenés du bout du monde. Ils ne sont jamais pourtant que des objets de pacotille, de ces souvenirs que l'on pouvait acquérir dans les boutiques à Carcassonne, Lamalou ou Valras-la-Plage. Il y a un canif branlant totalement inutilisable, une vierge de métal haute d'un demi-doigt logée dans un étui de buis, un centimètre de ruban qu'on enroulait dans un tonneau d'os à l'aide d'une manivelle en miniature — il y était inscrit « Cité de Carcassonne » —, une coquille Saint-Jacques ornée d'une barque à voile.

Il me suffit parfois de marcher sur un trottoir dans une rue où je n'ai pas l'habitude de passer, dans une rue archiconnue pourtant, pour que le monde soit naissant. À explorer, donc. Ne parlons pas d'une ville inconnue, de tous les paysages ou agglomérations que ma voiture traverse. Dans l'instant, ma vue, tous mes sens s'aiguisent, je suis à l'affût, je n'arrête pas de « voir », avec autant d'appétit que si j'étais partie à l'autre bout de la terre. Tout est mystère à déchiffrer, découverte à ne pas manquer. Chaque détail, chaque seconde deviennent remarquables. Je suis plus excitée que ma chatte dans le pré où cent trous de souris la sollicitent, et qui ne peut en surveiller qu'un seul. Impossible de tout noter, de tout enregistrer.

Il me faudra revenir.

Car ce que j'aime dans mes voyages c'est les retours sur des lieux déjà explorés. Certains m'apparaissent comme inépuisables. Combien de fois suis-je allée au prieuré de Grammont, à Notre-Dame de Centeilles, à Ensérume, dans la certitude que j'allais faire la rencontre de quelque chose de nouveau ? C'est comme si j'interposais entre moi et le connu une pellicule de verre où je pose un détail de plus et qu'après je regarde un lieu à travers tous ces écrans transparents et qu'il s'épaississe de richesse accumulée.

C'est ma façon de voyager. C'est celle que j'aime et dont je retire une jubilation d'usage ordinaire sans avoir à attendre les moments de ce que l'on nomme d'habitude le dépaysement. Me dé-payser, changer de pays, me dé-saisonner, changer de saison, vivre l'été à l'autre bout du monde alors que le lieu où je vis est pétrifié par l'hiver, ne m'intéresse pas. De la même façon, j'aime les vêtements de tous les jours, la cuisine du quotidien, les êtres du vécu. Je ne suis aventureuse que dans les voyages des jours ordinaires.

Saint-Clar
ou la nostalgie

Timidement, une note après l'autre, quelqu'un joue Brahms au piano. C'est là-bas de l'autre côté de la place carrée de la bastide occupée en son centre par un marché couvert.

À peine, après le repas, nous approcherons-nous de cette halle pour nous enchanter les yeux de l'agencement rustique et somptueux des poutres. Pour l'heure il fait bien trop chaud. C'est une journée de touffeur, lourde d'un orage. Nous nous sommes installées à la terrasse d'un café dans l'ombre des cornières, à une table tout contre le mur, le plus loin possible des ouvertures. Au moment du zénith, la place est sans ombre, si lumineuse qu'elle paraît un gouffre. Le bien-être du couvert frais est toutefois perturbé par la certitude de devoir dans moins d'une heure le quitter. Les martinets excités par l'orage, plus fous que d'habitude, passent en bandes, décrivant des trajectoires incompréhensibles. Si vertigineusement rapides qu'on voit presque les traits mathématiques de leurs courbes asymptotes aux murs. Quelques hirondelles nichent sous les arcades. Il faut être attentif pour repérer leur vol moins péremptoire que celui des sauvages martinets, et les voir entrer en piqué dans leur nid. Il est là, à deux pas de nous. Et voilà l'hirondelle, si menue, si humaine, qui chante si joliment à la fenêtre de son fortin de boue et nous regarde avant de s'envoler à nous toucher le nez.

C'est la fillette de la maison qui vient prendre les commandes, doublée toutefois par sa grande sœur. Cérémonieuse d'abord, familière ensuite, elle s'assiéra finalement près de nous, fera des discours jusqu'à ce que sa mère l'appelle — pour lui rappeler les principes du service : « cela ne se fait pas » de partager la table des clients, « cela fait mauvais effet » vis-à-vis des autres clients. Elle feint d'avoir besoin de son aide pour mettre le couvert, dans la grotte fraîche de la salle qui l'hiver doit être humide et noire. Un groupe en effet vient d'entrer et Lisa qui a neuf ans va prendre les commandes simples avec son crayon et son petit bloc, celui-là même où elle dessinait pour nous l'itinéraire pour parvenir à la « base de loisirs » du village. Elle nous quitte, non sans avoir précisé qu'elle a quatre-vingt-douze francs en réserve et veut plus tard être dessinatrice de BD.

Mais nous ne suivrons pas le plan de Lisa, nous n'irons pas sous les peupliers près du plan d'eau vert glauque qui doit être tiède. Nous n'avons envie que de suivre l'ombre carrée autour de la place et aucun désir de marcher dans les rues, d'affronter le four des espaces sans couvert.

Nous achetons quelques gâteaux à une pâtisserie elle aussi logée sous les arcades. Qu'il faille la lumière électrique dans ces commerces si près de l'éblouissant soleil est un des charmes contradictoires des bastides : d'un côté le frais, de l'autre l'été torride ; ce charme s'inverse en hiver, on peut se mettre à l'abri du vent coupant, de la pluie : d'un côté le froid, de l'autre la tiédeur d'une autre saison.

« Ah ! dit la pâtissière, l'air un peu pincé, c'est aujourd'hui le certificat ? Dans ce coin nous ne sommes au courant de rien. »

Ce « coin », ce sont les quartiers qui se croient toujours floués par rapport au centre-ville. Pourtant à Saint-Clar, avec un millier d'habitants, on a l'impression que l'espace de la cité est vite franchi : poste, église neuve, église vieille, halles. Une poignée de commerçants se touchent, en tout cas semblent se toucher. La ville est si petite qu'on a peine à imaginer cette bastide divisée en quartiers. Et pourtant, sous les cornières on se sent mal aimé d'un « centre » plus lointain et vague.

Oui, c'est bien aujourd'hui qu'à Saint-Clar on passe le certificat d'études — j'*en* étais. Près de nous, sous les arcades où nous mangeons nos gâteaux en buvant un café, un groupe s'est installé et déjeune. Pourquoi ont-ils choisi une table à la limite du soleil ? Au visage congestionné de la grand-mère, au grand-père qui s'éponge le front, on voit qu'ils ont très chaud. Seules les deux petites filles qui accompagnent leurs grands-parents sont fraîches. Les propos échangés, les brouillons qui circulent font comprendre que tous les quatre étaient ce matin des candidats au certificat.

Il s'agit d'épreuves un peu spéciales organisées par un inspecteur général et des institutrices à la retraite. C'est un certificat blanc, pourrait-on dire, pas vrai : réussir ou coller ne comptera pas. C'est comme un jeu qui n'en serait pas un. Il est ouvert aux élèves de CM2 mais à part quelques candidats enfants, dont font partie les deux fillettes qui mangent dans la chaleur de four, sont surtout présents des nostalgiques, certains *l'*ont, d'autres ne *l'*ont pas tout en ayant parfois des diplômes plus élevés, certains n'ont même pas été jugés dignes de *le* passer quand vint la fin du primaire.

Les épreuves ont eu lieu de 8 h 30 à 11 h 30 dans le nouveau groupe scolaire. L'ancienne école du village, en effet, est devenue un musée de l'École. C'est d'ailleurs à cause de l'existence de ce musée que l'idée est née de faire passer ou repasser le certificat.

Les candidats, isolés les uns des autres afin de ne pouvoir communiquer ou copier, devaient écrire à la plume sur leur feuille anonymée. Assis sagement, leurs vieux visages penchés, dans le silence où l'on n'entendait plus que les pas de l'examinateur et les mots prononcés clairement, tout le monde a fait la dictée. Sergent-Major, Française, trempées dans l'encre violette, ont calligraphié bellement le texte, car une note était prévue pour l'écriture. En offrant la classe en ce jour de juin, on rendait à tous le cahier du soir, la leçon à seriner, le contact du bois, de la porcelaine de l'encrier, et même le bruit de la plume de métal sur le papier. On leur permettait de remonter le temps, avec quelles délices, jusqu'à la classe de juillet si particulière où les récréations, les heures de couture et de dessin s'allongeaient, car les candidats au certificat d'études réclamaient toute l'attention du maître. Un ouvrage, une feuille de dessin entre les mains, il arrivait à ceux qui n'avaient aucun examen à passer de s'ennuyer, alors que d'habitude on arrachait toujours trop tôt la broderie ou les crayons de couleur.

En ces temps de juin, pendant que les grands préparaient le certificat, les autres jouaient, dessinaient, cousaient longuement, alors que d'habitude ces activités étaient impitoyablement mesurées pour ne pas trop mordre sur les activités scolaires graves et si lourdes de conséquences. Le temps de juin dans les petites classes s'accompagnait à la fois de crainte et d'envie pour ceux de l'épreuve. Il tardait aux plus jeunes d'*en* être, de devenir importants, de s'affronter aux analyses logiques, grammaticales, et aux problèmes.

Tous ont retrouvé cela aujourd'hui, moins la gravité, moins l'enjeu vital. Ils se donnent tous au plaisir des retrouvailles.

Après le repas, tandis que le jury corrige dictée, rédaction, calcul, histoire, géographie et sciences naturelles, le musée a été ouvert aux candidats. Il y a beaucoup de monde, mais tous sont comme des ombres et chuchotent, quand leur monte aux lèvres tant de mémoire qui veut se dire. Une douce mémoire montrable, une de celles qu'on n'hésite pas à communiquer.

Rien dans ce musée n'est sous vitre ou sous clef. Tout est à disposition. Il est possible de dépendre de la patère un tablier noir à boutons et liséré rouges parce qu'on a reconnu celui-là même que l'on portait autrefois. Quelques bérets, quelques capuchons et cache-nez de laine tricotés à la main pendent près d'une pèlerine sombre.

Des galoches montantes à lacets — semelles de bois et dessus de cuir — sont posées contre le mur. Un homme accroupi caresse le bois, retourne le soulier et montre l'assemblage des clous. Il murmure qu'il avait les mêmes, qu'il les portait en gardant les vaches tout en étudiant ses leçons ou en faisant son problème au brouillon. D'autres évoquent leur peur sur le chemin de l'école. Peur des trimards, des mendiants, des errants qu'ils voyaient passer de maison en maison, des gitans auxquels on donnait, disait-on, les enfants désobéissants. D'autres parlent des grillons nourris de pétales de roses, d'autres du ménage qu'il fallait venir faire à tour de rôle le matin. Ceux qui habitaient des fermes racontent la gamelle à deux compartiments, soupe et fricot, mise à réchauffer sur le poêle allumé le matin par les élèves eux-mêmes, le chemin du retour le soir, dans la nuit galopante. Les plus âgés précisent qu'« autrefois » le bois était fourni par les familles.

Quelqu'un ouvre l'armoire du maître, la bibliothèque, l'armoirette à expériences de chimie. Les femmes regardent les travaux de couture, les bavoirs, les brassières, les pièces rectangulaires, les pièces arrondies — il était si difficile de faire un ourlet rond ! Elles s'exclament, l'œil pétillant, devant les broderies. Beaucoup s'assoient sur les bancs avec un livre. Une femme y restera plus d'une heure. Elle va relire de bout en bout le livre d'histoire. Par moments elle s'exclame à voix basse : « Ah ! j'avais oublié... Oh ! cette image, je m'en rappelle... » Elle se reprend : « Je me la rappelle », lève un regard extasié vers ceux qui sont occupés à d'autres immersions, ceux qui feuillettent le cahier de morale où le maître a découpé des articles de journaux pouvant illustrer les qualités civiques : probité, courage, dévouement. Des feuilles jaunies et friables montrent des photographies d'enfants qui ont bravé l'eau, les flammes ou les précipices, qui ont rapporté au commissariat des sacoches pleines d'argent. D'autres visiteurs, au tableau noir, s'essaient à l'écriture, aux majuscules. La craie crisse et répand son odeur suffocante et unique.

Chacun est seul et pourtant désireux de communiquer ses émotions dans l'heure immobile et caniculaire. Aidés de ces objets offerts comme autant de nacelles, nous remontons tous le temps. Un banc incommode qui n'est plus à la mesure d'un corps adulte devient barque de mémoire.

Près des classes, l'appartement de l'instituteur a été lui aussi reconstitué. La cuisine est à la fois simple et coquette.
« Quand j'allais porter à la maîtresse l'offrande du cochon, explique quelqu'un, il me semblait entrer dans un palais. »

Pourtant, l'évier sous la fenêtre n'a pas l'eau courante, un broc de fer étamé est posé sur la pierre. Mais le fourneau-cuisinière est présent et devant la cheminée un fauteuil Voltaire est installé, un livre posé sur l'accoudoir. Un tapis recouvre la table ronde. Dans un coin, le bureau avec son encrier, le cahier volumineux des préparations et un ouvrage de corrigés. Cela suffisait avec un plancher bien ciré pour donner l'illusion de la richesse à ces enfants habitués aux salles ouvrant de plain-pied sur une cour boueuse, à des cuisines encombrées de charcuterie en train de sécher, d'aulx et d'oignons pendus où les odeurs de lait sûr, de fumier tonique, de salaisons l'emportaient sur celle de la cire.

Dans la maison ordonnée des maîtres, les promeneurs se délectent, comprenant mal, maintenant, qu'un décor aussi élémentaire puisse avoir représenté à leurs yeux la richesse.

Une femme un peu hallucinée interroge ici et là :

« Vous ne vous souviendriez pas par hasard

d'une leçon de morale en forme de poésie ? J'ai le début :

« — *Papa ma plume ne vaut rien.*

« — *Mais non ma petite mignonne, je t'assure elle écrit très bien.*

« — *Mais non les becs sont écartés, elle fait des pâtés...*

« J'en suis là. Après c'est le trou. Mais j'ai la fin :

« Les paresseux n'ont jamais des outils assez bien faits pour eux.

« Je cherche depuis des années. J'ai pensé qu'ici au certificat je trouverais quelqu'un qui la saurait. Je donnerais je ne sais quoi pour la retrouver. »

La retrouver et retrouver quoi avec la mélodie de la récitation ? Quelle lumière éclairerait ce beau regard à travers lequel on voit si bien le regard de l'enfant qu'elle fut. Ce vert cerclé de brun noisette, il suffit de l'imaginer serti d'une cornée bleutée, souligné de paupières lisses.

C'est vrai d'ailleurs de tous les gens présents, et le regard qui va des photos nombreuses des murs à ces regards vieillis et extasiés entrevoit à travers la poussière lumineuse du jour ce que furent les traits dans leur fraîcheur, tel nez aquilin, tel visage carré, telle texture de cheveux. Ils sont dans l'école ancienne et je vois le troupeau d'enfants qu'ils composèrent.

La cour, par-delà les fenêtres, est aussi déserte que le jeudi, aussi déserte que pendant les heures de classe — mais il nous manque la voix du maître détaillant les syllabes ou la psalmodie des tables de multiplication.

Lorsque nous sortons sous les acacias, le ton monte, comme autrefois après le claquement des mains qui donnait le signal de la récréation. Certains ne résistent pas au plaisir d'utiliser les cabinets à mi-corps, d'autres s'installent sur les bancs de la cour surchauffée. Ça discute ferme sur les épreuves de ce matin, sur ce problème où un homme plantait des cerisiers dans un terrain rectangulaire. La vieille terreur des intervalles pièges a repris les candidats — mais amoindrie, devenue supportable. Le résultat final, était-ce 32 ou 36 ? Une maligne explique qu'elle a fait un dessin à l'échelle et qu'elle a carrément compté les arbres parce qu'elle avait tout oublié.

« Oui, mais comment avez-vous fait pour poser les opérations ? » objecte quelqu'un de plus sérieux qui, lui, se souvenait.

« Et les quatre neveux, de combien ont-ils hérité chacun, sachant que le premier a mille francs de moins que le deuxième, le deuxième mille francs de moins que le troisième, le troisième mille francs de moins que le quatrième ? Sachant que l'héritage se monte à... moins 3,5 % de frais notariés, calculez la part de chaque neveu, etc. »

J'explique :

« Soit *x*, la part du premier...

— Mais vous ne devez pas utiliser l'algèbre. Vous n'êtes pas censée la connaître en classe de fin d'études. »

Au moment où je démontre mon raisonnement papier en main et malgré l'objection, je ne puis m'empêcher de penser aux motivations de l'oncle à héritage. Qu'avait donc fait le moins doté ? J'imagine le vieil autoritaire et les neveux empressés et jaloux. C'est d'ailleurs ce que j'aimais dans les problèmes : leur côté romanesque. Ce matin j'ai vu le verger de jeunes cerisiers, l'homme avec son cordeau marquant la place de chaque arbre, l'ouvrier agricole embauché faisant les trous. J'ai même senti l'odeur de l'arrosage. Et lorsqu'il fut question de l'achat du terrain, des mètres carrés à convertir en ares, une image m'a traversée, de l'œuf en métal doré de l'enseigne notariale. J'ai toujours senti les problèmes comme des histoires latentes.

Un bel homme aux yeux clairs, suivi d'une épouse admirative et dévouée, fait son savant. Il a eu « juste » ce matin à toutes les dates d'histoire. Devant tant de science certains expriment leur inquiétude : eux ont confondu 806, le partage de l'empire de Charlemagne, avec 732, les Arabes arrêtés à Poitiers, ne se souvenaient plus de la Première Croisade et espèrent s'être rattrapés en sciences naturelles.

« Vous saviez tous les os du bras, vous ? Tous ?

— Vous connaissiez le rôle des plantes ? Vous le saviez exactement ? »

Certains pensent avoir zéro faute à la dictée. Le rêve du *T.B.* nous effleure, encore qu'il soit sans conséquence pour nous.

« Vous avez écrit “quelquefois” en un mot ou deux ?

— Et le participe passé, il s’accordait ?

— Non.

— Mais le complément d’objet ?

— Oui, mais c’était un verbe pronominal.

— Les fonctions c’était facile, mais l’analyse logique ! Je ne me souvenais plus des subordonnées... »

Pour me mettre au diapason, j’explique que j’espère bien avoir vingt en rédaction. Le bel homme aux yeux clairs me dit avec sévérité, approuvé par sa femme, qu’on n’a *jamais* vingt en rédaction.

Nous sommes sortis du musée de l’École et nous dirigeons vers la salle où seront proclamés les résultats. Nous suivons les franges d’ombre le long des murs tout en continuant à comparer nos réponses.

« Est-ce que l’on compte le Rhône comme fleuve français ?

— Si l’on comptait même ceux qui prennent leur source à l’étranger, la question serait trop facile. Il ne fallait donner que ceux qui sont totalement français.

— Et alors qu’est-ce qu’il reste ?

— La Seine, la Loire... même pas la Garonne.

— L’Hérault ! dit quelqu’un.

— Mais est-ce un fleuve, ça, ou seulement une rivière ? »

Nous suons. Le long de l’église neuve, sous les marronniers, quelqu’un a sorti le fauteuil roulant d'un vieillard moribond. L'air absent, le visage déjà marqué des signes de la mort, il est à l'air et au soleil. Mais les voit-il ? Dix ans, parfois moins, séparent cette ombre d'homme des candidats au certificat. Ils sont plus près de ses gestes incohérents, de sa bouche ouverte comme sur le dernier bâillement, que des courses agiles, des sauts à la corde et des oiseaux dénichés de leur temps d'école. Et pourtant tous rient, ne voient pas ou feignent ne pas voir l'homme à demi mort. Ils se passionnent pour les résultats de tout à l'heure, espèrent « avoir une mention », ont repris gaieté, vitalité dans les parfums d'enfance, dans les préoccupations oubliées : le juste, le faux, la note, et même l'examen réussi ou manqué.

Nous entrons dans la vieille église fraîche où le gothique flamboyant a laissé sur le mur une accolade insolite, car elle voisine avec le sol de terre battue, une charpente et un toit « de sauvetage », en attendant la restauration. Une scène a été dressée dans un angle. Une assistance déjà nombreuse est installée sur les bancs de bois.

Les écoles de la petite ville vont donner un spectacle qui tourne autour des *Fables* de La Fontaine. Un garçonnet incarne le fabuliste, en chapeau, jabot de dentelle, costume de velours brun et moustaches dessinées au noir de fumée. Il a cet air de faux adulte si touchant lorsqu'un enfant joue ce rôle. Tout est fait aujourd'hui pour que ne se rompe pas le fil fragile renoué avec le passé. Les *Fables*, tout le monde pourra dans un moment les reciter avec les enfants. Nous voilà spectateurs de vrais enfants, de nous-mêmes en quelque sorte.

Les enfants sont heureux et excités comme je le fus, ineffablement, quand il fallait monter sur scène. Les instituteurs s'affairent, le feu aux joues. Et cela commence.

Comment ne pas voir que cette longue fillette déguisée en fourmi sera comme la femme de tout à l'heure maigre et voûtée qui arpentait le musée ? Mêmes jambes longues, même dos que l'on a du mal à tenir droit, mêmes pieds difficiles à maîtriser, bras interminables qui se lèvent maladroitement quand il s'agit de « faire des gestes ». La cigale, dont les ailes brillantes comme un vitrail sont un chef-d'œuvre de couture, doit peser ses soixante kilos — mais elle danse dans le rythme. Lorsque je me retourne, je vois sa mère et sa grande sœur, grasses aussi, mais superbes de belle chair, les joues naturellement écarlates, la bouche généreuse. La cigale en manches ballons comme des bulles irisées sera comme elles plus tard, sera semblable à la candidate parée de jaune vif et de cretonne fleurie qui tout à l'heure dans la cour du musée balançait son embonpoint comme un char de carnaval et dut se mettre en travers pour passer le portillon de la courette.

Tous ces teints de lumière, ces nattes énormes et brillantes, ces petits pieds chaussés d'espadrilles dorées, ces seins qui pointent sous le corsage, durs comme si elles avaient glissé sous leur vêtement un de ces cônes que l'on confectionnait à l'heure des travaux manuels à partir d'un éventail de papier, toutes ces grâces nous ramènent à celles que nous possédions alors sans les soupçonner.

Le jury n'en finit pas de délibérer. Après les *Fables* il y a un moment de flottement dans l'église fraîche où tout le monde est resté pour fuir le feu des rues et l'atmosphère oppressante de l'orage. Un chanteur local se dévoue pour faire patienter l'assistance. Bien qu'il annonce qu'il va chanter « des bribes de mots », son répertoire est parfaitement en place. Il ne manque pas un couplet. Ce doit être un habitué des salles paroissiales d'autrefois, des fins de repas du troisième âge d'aujourd'hui. Des murmures s'échangent sur les bancs :

« Oh ! mais, c'est qu'il a étudié le chant...

— Il a même chanté à Toulouse. »

Toutefois il est modeste, car avant de commencer il annonce :

« Je me présente à vous d'une manière inconnue. »

Il tient la scène jusqu'à l'arrivée solennelle du jury qui va donner les résultats par ordre croissant. Les professeurs nous firent cela, de commencer par les plus mauvaises copies. Et je me souviens du plaisir qui montait avec l'espoir, du franchissement de la moyenne, de l'orgueil de voir le peloton de tête diminuer. Un à un les lauréats viennent chercher leurs diplômes sous les applaudissements, accompagnés d'un petit air de piano, toujours le même, *Gloire immortelle de nos aïeux.* Il s'agit de photocopies de l'ancien certificat.

Le problème s'est posé aux organisateurs : Va-t-on coller des candidats ? Au risque de les mécontenter, de les vexer auprès des leurs, de les éloigner du village et du musée ? Il s'agit en somme d'une opération de promotion touristique qui doit être joyeuse. Le président du jury, ancien inspecteur primaire, les examinateurs, tous instituteurs à l'ancienne mode, auraient bien voulu coller les plus mauvais. Mais il s'agit du prestige de Saint-Clar, et finalement le jury est sorti en donnant des mentions et en déclarant certains candidats « admis avec l'indulgence du jury ».

Tout le monde a donc sa photocopie, inutile. Le monsieur qui a su toutes les dates d'histoire et était imbattable sur les intervalles est en train de parader avec sa mention *Très Bien.* Déjà certains sont mécontents de ceci ou de cela. Ils font courir le bruit qu'il y a eu des disputes au moment de la correction.

Chargés de nos vains diplômes, illuminés de notre vaine remontée du temps, heureux comme au soir des jeudis de jeux, nous sortons dans les rues. Le vent s'est levé et le ciel est couleur d'apocalypse. La lumière est presque crépusculaire. Le moribond en fauteuil de malade a été rentré, comme une plante qu'il faut remiser la nuit.

C'est alors que l'orage éclate, si violent que nous attendrons que la pluie soit partie plus loin, derrière les collines rondes, douces. Nous rentrerons lentement à travers les sorghos fourragés, les maïs, les fourrages de divers tons de vert et les blés mûrs, presque blancs.

Club Med à Cadaquès

Dans la nuit tombante, deux femmes parlent, assises sur une murette. Le vent est tombé. C'est l'heure tiède encore avant la nuit. À leur silhouette tassée, à la coupe de leur jupe noire, à leur visage sans maquillage, net, sévère, on reconnaît des femmes du personnel de nettoyage, si discret. Il semble qu'elles veuillent se faire oublier, faire oublier que derrière les vacanciers, en permanence, elles débarrassent le village de tout déchet.

Elles parlent en espagnol. Sans vraiment comprendre j'entends les *r* rouler doucement, les *s* glisser l'un sur l'autre comme les coquillages des bâtons de pluie. Elles se lèvent d'un même mouvement et s'en vont, à petits pas, vers les bâtiments qui leur sont réservés, loin des cases des gentils membres. Ici on nomme les cases à la catalane : *masots*.

Aux fenêtres des bâtiments de service pendent les chemisiers blancs de la tenue qui n'est pas véritablement un uniforme mais est strictement définie : jupe noire et chemisier blanc pour servir à table, blouse bleu ciel pour les balayeuses. Et des souliers blancs ou noirs pour toutes. Il pend aussi aux fenêtres du linge de corps comme il en faut pour ces gens qui travaillent trois mois pleins hors de chez eux. Ces femmes ne rentreront en Andalousie qu'en septembre. Elles sont arrivées pour Pentecôte, une semaine avant les premiers pensionnaires, elles partiront une semaine après, laissant le village propre, ouvert aux vents d'hiver, aux tempêtes d'embruns.

Pour ressembler aux stations d'hiver du Languedoc il ne manquera à ces criques que d'être envahies par le sable. Le cap Creus est une côte de basalte, hérissée, déchirée en mille figures inquiétantes, contorsionnée en poissons, gargouilles, dragons, grenouilles, oiseaux de proie, auxquels il ne manque même pas un œil de ciel bleu car la roche, souvent, arrive à être trouée par une vrille efficace de vent.

Au matin, avant le lever et l'ouverture de la salle à manger, tout un peuple nettoie, balaie, passe des jets d'eau sur les dalles de basalte. On ramasse des débris de bouteilles éclatées qui brillent dans le soleil et disent les beuveries dont nous n'avons aucun écho. Notre *masot* tourne le dos à la discothèque, nous sommes loin de l'agitation d'après minuit. On enlève les boîtes métalliques écrasées des bières. Dans le bar semi-ouvert les femmes en bleu achèvent de passer des serpillières. Plus de traces de vomissures. En descendant de ma case — elle a pour nom Miracle —

j'ai reconnu sur le chemin les taches brunes d'une diarrhée très justement appelée courante. À ces marques sur le chemin des sanitaires on imaginait la personne perdant irrésistiblement ses matières et se hâtant. La pluie seule les effacera, les tuyaux d'arrosage n'arrivent pas jusqu'ici.

Au matin tout est net, prêt, dès sept heures, pour ceux du jour qui font du sport et vivent, le teint frais, à petites foulées. À table sont reconnaissables ceux de la nuit et du bar, et ceux des plateaux sportifs.

Il pleut aujourd'hui. Cela rend étranges ces constructions si visiblement faites pour le beau temps : douches à ciel ouvert, *masots* rudimentaires, bar à tous les vents, espaces du tir à l'arc, du tir à la carabine, du fitness, de l'autodéfense, protégés du soleil par un auvent de roseaux mais que rien ne pare du froid et de la pluie.

Nous venons de faire la gymnastique sous un couvert de l'amphithéâtre des spectacles, abrité d'une vitre immense sur le paysage. La pluie vient droit du grec et transforme le verre en loupe. On entend l'eau glisser à travers la musique douce du stretching. J'ai même perçu un grillon. Je pense à la salle de gymnastique d'Ouillats derrière ses vitres opaques. Dans la crainte de quels regards sur les jeunes pensionnaires ? À un moment de pause entre gymnastique et danse, je m'approche de la vitre et vois tout déformé ce village de cases, étrangement vide, déjà semblable à son visage d'hiver si l'on excepte les fourmis bleu clair et bleu de travail toutes penchées sur le sol, discrètes, les yeux baissés, ne cherchant jamais le regard des gens en vacances, ne saluant que pour répondre à un salut, n'arrêtant jamais le geste qui nettoie.

C'est le jour idéal pour marcher jusqu'à ce que le guide nomme le « village mort ». Ce n'est pas véritablement un village mais quelques centaines de mètres carrés entourés de murs à hauteur d'épaules, un espace ponctué de capitelles de pierre basses et carrées. On voit quelques étagères qui devaient retenir des cultures ne nécessitant pas d'eau : arbres vivriers, légumineuses. Village de pasteurs ? Village halte sur le chemin du phare qu'il fallait pourvoir en nourriture ? Personne ne le sait, pas même celui qui nous a guidés à travers un maquis de lavandins, d'ajoncs épineux, de joncs parfois dans ces creux où subsistent jusqu'à la grosse chaleur de petits marécages provisoires, de cades, de salsepareilles, de ronces. Au ras du sol, pas plus haut que des genévriers, ce que nous voyons ce sont des pins parasols presque sans aiguilles, comme si la force d'un géant les avait écrasés à terre.

Le vent secoue les graminées alors même que l'on est à l'abri du vent. Du côté de la mer, des falaises vertigineuses sur l'eau transparente. Du côté de la terre, une végétation dissuasive. Entre violence et violence, cette construction d'hommes. Et qui tient.

C'est un jour aussi pour aller au musée Dalí à Figueras. Malgré la cocasserie de la façade décorée de miches à quatre cornes, minuscules, et couronnée d'œufs gigantesques, ce qui domine et tremble partout c'est la mort, la charogne et le temps qui broie. Pour vingt-cinq pesetas une poupée se déplie, s'épanouit, écartée par des griffes de fer qui peu à peu lui permettent de prendre sa taille, de prendre visage, d'arriver à une taille maximum, rigidement menée par l'engrenage. Dès que le sommet de son déploiement est atteint elle commence à se recroqueviller, à s'anéantir jusqu'à n'avoir ni corps ni visage, entraînée par l'engrenage qui l'écrase aussi efficacement qu'il l'a dépliée. Plus loin, c'est encore une femme rivée à une horloge. À chaque instant un *tic* fait briller une des divisions du chronomètre. La femme, le visage impassible, est crucifiée au centre de ce temps qui la moud, clinquant mais inexorable.

Dalí utilise beaucoup de ces organes géants sciés en deux destinés aux vitrines de prothésistes ou à la classe de médecine. Lorsque l'on met son œil de voyeur à la lucarne qui donne sur la chambre verte, sorte de serre où est installé le lit de Mae West, c'est une oreille que l'on voit au milieu des draps, rose, tout en os poreux et complexité interne. Ailleurs c'est un pied. Souvent des crânes, des squelettes entiers sont passés à la peinture d'or.

Que disait donc Dalí de l'or, dans le film vidéo devant lequel je me suis assise, l'esprit plein de tumultes ? Que seul le support, c'est-à-dire l'homme, lui donnait sa richesse ou le rendait dérisoire ? Ce Christ du trésor d'église, dans la pourpre et l'or, dit-il autre chose ?

Sur fond de chant grégorien et de jabots de faisans, somptueux, une croix nickelée pointe sur le visiteur comme un canon.

Dans le « palais du vent », la vitrine où est présenté l'habit de prestige est construite de telle façon que ce costume chamarré, rebrodé, paraît illusoire. Un jeu de reflet en dissimule toujours une partie. L'uniforme est sans épaisseur, évanescent, déjà aussi mangé par le temps que le corps de Dalí dans son mausolée de marbre.

À travers des circuits imprimés beaux comme des paperolles, il y a la surprise de Picasso et Dalí discutant après boire sur la terre de toutes les énigmes, puis il y a les ruines somptueuses des *Meniñas*. Nous sortons du musée nous aussi broyées par ce temps qui va de la nuit à la nuit, du village mort à toute mort, de l'aiguille du cadran à celle de l'épineuse qui nous griffa ce matin, du pain de béton de la façade au pain frais de la corbeille sur la table du soir.

Nous y mordons avec soulagement.

L’ombre légère de Valery Larbaud

À Vichy, ce cœur de ville rond et vert est le parc des Sources, et dans ce cœur rond tout est rond : les deux demi-sphères posées comme des cloches de potager sur l'arrivée bienheureuse des eaux, et le promenoir orné de volutes de fonte dentelée qui en fait le tour. Il permet d'être dans un jardin sans y être, pieds au sec, au propre, vêtements à l'abri de la pluie, d'aller de la source de l'Hôpital à la source Chômel sous cette pergola qui a le double avantage de la verdure policée d'un côté et des boutiques de l'autre.

Pâtisseries, hôtels, salons de thé, vêtements de luxe se succèdent. Il en faut peu pour changer d'époque et se croire revenu au temps des curistes, aux petites filles chapeautées et vêtues de velours que Valery Larbaud rencontrait ici et à travers lesquelles il se replongeait pathétiquement dans les années perdues, guidé par leur grâce, leur âme irréductible aux préoccupations adultes. Les gens que l'on voit à travers les vitres en train de boire du thé et de grignoter des douceurs sont-ils d'aujourd'hui ou d'hier ?

Une boutique où je pénètre, pleine de vêtements perlés et soyeux ornés de boutons de jais, de lingerie de Valenciennes dont l'odeur est celle des musées, où sert une dame âgée et élégante, m'aide à passer au-delà du temps. Un peu plus loin, c'est un magasin de bois clair du sol au plafond. Des tapis n'empêchent pas les pas de faire craquer les lames d'un plancher ancien. Il y a dans un coin une psyché avec des fauteuils installés autour. C'est un magasin d'un autre âge, même si les vêtements sont neufs et non plus en soie mais en Lycra. Un long manteau lie-de-vin à col de cygne est présenté sur un mannequin. Pour quelle soirée au casino ?

Sous la cloche de la source de l'Hôpital, je bois dans le creux de ma main, autant que je le veux, une eau chaude à odeur d'œuf légèrement pourri. Les distributeurs sont installés en rond autour d'un large pilier central cylindrique. J'entends des rumeurs amplifiées de voix. À cause de cette source à becs multiples, déesse une et divisible, les voix paraissent venir de derrière mon dos, mais quand je me retourne l'arc de mur largement illuminé de vitres est désert. Où sont ces gens que j'entends parler de plus en plus distinctement juste derrière mon épaule ? Je songe à ces abbatiales où un pénitent, le visage tourné vers un certain pilier, murmurait ses péchés qu'un prêtre entendait de l'autre côté de la nef. Le son avait suivi un chemin aérien et discret pour arriver dans l'oreille du confesseur. Ce doit être pareil ici, les gens qui parlent se trouvent sûrement de l'autre côté du pilier.

Tout d'un coup une voix de femme invisible dit nettement, comme pour moi :

« Venez. Sortons. Sinon nous passerons la nuit sur les cabinets. »

Deux ou trois hommes rient. Les voix disparaissent sans que j'aie vu personne. Il ne reste maintenant que le bruit amplifié des minces filets d'eau.

Je m'arrête instantanément de boire, me passe la main sur l'estomac, contourne le pilier : la coupole est déserte et lumineuse. Quel fantôme m'a lancé un avertissement ?

Au moment où je sors, une dame entre, portant un verre de cure logé dans un étui d'osier finement tressé, joli comme un panier-jouet. Je lui demande où sont les autres sources.

« Là-bas, répond-elle, au bout du parc. Mais attention ! ajoute-t-elle, ne mélangez pas. »

On dirait qu'elle parle des méfaits du vin. Elle montre les frondaisons vertes du printemps qui abritent des cris de corneilles invisibles.

C'est en suivant le promenoir que je me rends à la grande buvette. Sa forme ronde a été cassée à une certaine époque pour construire un palais des congrès qui sert maintenant d'Opéra. Mais la courbe reprend un peu plus loin.

Pour dix francs j'ai le droit de boire autant que je le veux, mais on me conseille la modération sauf pour Vichy-Célestin, dont je peux user et abuser. Je me penche au-dessus de grands puits couverts de verre pour voir sortir la source Chômel bouillonnante, laissant aux commissures de sa bouche presque infernale des cristaux cristallins et suspects.

Je bois partout, « à l'émergence », ces eaux fraîches au sens même que l'on donne à « pain frais », c'est-à-dire non point froides mais récemment jaillies. Je bois sans modération, malgré le prospectus que l'on m'a donné et qui dit que ces eaux sont « des médicaments très actifs » qui stimulent le pancréas, « doublent la vitesse d'évacuation gastrique », augmentent la résistance aux poisons et à l'alcool. De quoi rassurer les curistes d'hier et d'aujourd'hui qui tout à l'heure mangeaient des pâtisseries et vont passer à l'apéritif. Du fluor ! du fluor ! de l'œuf pourri ! Mon foie, mon pancréas, mon côlon, mon estomac en redemandent. Je bois Lucas. Je bois Grande-Grille. Que peut-il arriver ? Une débandade intestinale ? Un cataclysme de purge ? Serait-ce un si grand mal ?

Il me semble que je comprends mieux Valery Larbaud dont l'écriture chemine sur un mince fil au-dessus du vide. Vide en haut, vide en bas, et entre les deux le verbe cherche sa voie. Dans cette grande buvette, sorte de serre qui elle aussi fait écho, c'est seulement aujourd'hui que je digère ce *Fermina Marquez* qui fut un des grands livres de mon adolescence — je l'avais pris dans la bibliothèque municipale qui sentait le musée et le vieux bois, comme le magasin de tout à l'heure.

J'ignorais que ce vide au-dessus duquel j'avais eu l'impression de voyager était celui du seul cataclysme définitif de la mort. J'intègre cela en attendant pour cette nuit d'intimes bouleversements.

Au retour je traverse le parc en diagonale. Sur les avenues qui l'entourent se succèdent chocolatiers, hôtels et pharmacies, et ces plaques de cuivre qui brillent au soleil couchant sont sûrement celles de médecins.

Au centre du parc, il y a un bâtiment moderne, clos mais non point inactif. En le longeant j'entends des gazouillis de volière électronique, des ruissellements métalliques. J'ai l'impression de passer près d'un lieu de célébration de mystères pour lesquels il convient de fermer les issues à tout regard. Et il s'agit bien de cela. C'est ici le temple du hasard, la grande cathédrale des jeux.

Je passe derrière les vitres qui interdisent de voir et me rends à la bibliothèque. On m'ouvre la réserve où on a entreposé les ouvrages personnels de Larbaud, les meubles de son bureau. Encore des odeurs de vieux bois et de papier qui se délite. Je suis tout imprégnée d'ambiguës *Enfantines*.

Douceur du Tarn

À quatre heures déjà la vallée du Tarn sent le crépuscule précoce d'automne. Des lueurs violettes traînent au milieu de l'or, sur les peupliers où quelques feuilles jalonnent le dessin des branches. Le temps est immobile. Ce soir, je dois retrouver ma sœur Mathilde à l'hôtel. Nous allons demain et après-demain, une fois de plus, arpenter ce pays auquel nous attachent des liens plus anciens que la colonie de vacances, que les promenades de notre vie d'adultes : un lot d'images léguées par les nôtres.

Avant de la rejoindre à Castres je dois, dans l'église romane d'Ambialet, chanter à l'occasion d'un anniversaire de mariage, pour les vingt-cinq ans d'un couple. Dans les photos exposées, cette poussière d'années de vie, dans ces vestiges d'un bonheur, c'est bien sûr moi et lui que je vois en un vertigineux raccourci. C'est pour moi que je chante le magnificat qui sonne dans le volume parfait.

Lorsque je prends la route, la nuit n'est pas

tout à fait tombée. Le pré-crépuscule laiteux du jour pur est encore lumineux. Mais en moins d'une heure tout devient glacial et sombre. Les phares font surgir une abondante rosée en gouttes brillantes sur les herbes. Des fumées traversent la route et fuient. Orion rayonne dans le ciel clair. Sur cette route déserte, j'avance avec plaisir. Je retrouve ces retours de concerts dans l'exaltation de la musique, de la solitude et de la nuit. Leur côté insolite m'amusait. Être éveillée au centre du sommeil des autres, rentrer dans un hôtel où je réveillais le veilleur de nuit, je retrouve tout cela. J'ai aimé aussi chanter, sentir le silence des auditeurs, les tenir par la voix et le poème, et, après, jouir de l'impunité de la parole échangée avec des inconnus.

Au matin, dans le bel hôtel de Castres nous déjeunons avec Mathilde. Un soleil riant, mouillé et froid annonce un nouveau jour soleilleux.

À Sauvergues, il n'y a plus personne pour se souvenir de notre arrière-grand-père, surnommé Boèta, ni de notre grand-père Joseph, ni de notre père. La maison a été vendue. Nous ne savons même pas exactement de laquelle il s'agit des dix maisons du petit hameau. Nous trouvons le ruisseau où, nous racontait-on, Boèta pêchait pour son petit-fils une truite ou deux. Il barrait le courant d'un fagot, promenait au bout d'un bâton un petit morceau de chaux vive sous le nez d'une truite, la bête étourdie partait au fil du courant et se prenait dans le fagot.

Boèta est venu mourir à Béziers. Il paraît qu'il approchait sa cigarette de l'ampoule électrique pour l'allumer. Il croyait que l'électricité, comme une lampe à pétrole, pouvait lui donner du feu. C'est lui aussi qui aimait les loteries de la fête foraine où il misait seulement dans sa tête. Il avait bien quelques sous qu'il gagnait en faisant, avec les cageots jetés par les commerçants des halles, de petits fagots pour allumer les cuisinières, mais il ne voulait pas dépenser son argent et jouait par la pensée. Il se disait : Tiens, je mise sur le sept. Si le sept sortait il était content. Mais parfois le soir il disait en rentrant :

« Aujourd'hui, je n'ai pas eu de veine, j'ai tout perdu. »

Avec Mathilde nous avons souvent évoqué cet aïeul inconnu. Sauvergues ne nous apprend rien de plus. Il garnit seulement notre tête d'images et de sensations. Nous éprouvons une douce émotion à voir cette eau qui court et à imaginer notre père enfant dans tout ce vert. Nous savons que nous avons, quelque part dans l'Aude, des cousins issus de germains, qu'il y a eu une brouille de famille. Une fois de plus, en ces lieux privilégiés, nous nous promettons de tirer cela au clair, de retrouver les cousins, de commencer dès demain. Mais il est probable que nous n'en ferons rien.

Partout dans le matin se promènent des volailles. Il y a même une poule de cérémonie huppée, frisée, blanche, quasiment en robe du soir. Déjà nous nous sentons tendres et nues dans ces chemins de la mémoire, tandis que monte la lumière dans les hêtraies de feu. Toutes les transparences veillent.

Lacaune est fort animée : c'est jour de marché. Au cimetière, nous cherchons et trouvons la modeste tombe ROUANET-CARAYON. Le cœur de fer noir et blanc marqué *Carayon Pierre-Étienne 1851-1910* est presque totalement effacé. C'est ainsi que passèrent les pauvres de cette génération, ne laissant derrière eux qu'un nom et deux dates. L'émail qui s'écaille et l'écriture de jour en jour plus évanescente les noient bientôt dans l'oubli. Que d'infimes restes il doit y avoir sous la dalle ! Déjà quand la famille fit construire ce tombeau, quarante-cinq ans après la mort de Pierre-Étienne et de sa femme, les os qui restaient furent mis dans ces minuscules cercueils qui ont l'air d'être faits pour jouer à la mort avec des poupées. S'il y a inscrit ROUANET sur ce ciment, alors qu'il n'y a que des Carayon enterrés là, c'est que ma grand-mère acheta cette concession à perpétuité en se privant — mais c'était pour l'éternité. Peut-être aussi à ce moment-là espérait-elle revenir près des siens.

Autour de la nôtre certaines tombes sont encore jardinées. Un pourtour de ciment entoure un espace de gravillons blancs où n'est tolérée aucune mauvaise herbe. Il est ratissé et sur le ratissage soigné sont posés plaques et pots de fleurs. Alors, les tombes à moitié à l'abandon comme la nôtre et son fouillis d'orties se remarquent tout de suite. Dans les symboles amoureux l'ortie est la plante de la rupture, *la despartida*, ici elle dit la rupture irrattrapable de l'oubli...

Nous achetons de quoi manger — une baguette bien dorée et du raisin — et nous descendons vers Ouillats, le vieux couvent qui nous recevait en colonie. La porte d'entrée, porte d'honneur avec perron, est écaillée et la peinture de la façade part en lambeaux. Tous les volets sont clos. Nous sonnons quand même sans conviction. Et c'est le portail des marchandises qui s'ouvre sur le visage d'une religieuse.

À l'arrière je reconnais la cour des cuisines. Elle s'emplissait au moment des repas d'odeurs appétissantes, de bruits de vaisselle entrechoquée, auxquels se mêlaient les sonneries discrètes de la chapelle. La religieuse nous explique que depuis longtemps il n'y a plus ni pensionnat ni colonie, que maintenant l'établissement est la maison de retraite de l'ordre — elles ne sont plus que sept. Mais nous pourrons nous promener et manger nos provisions où nous voudrons.

C'est assises au pied de la croix du centenaire de la congrégation de Saint-Joseph-d'Ouillats que nous rompons le pain et mangeons le « servant », ce raisin blond tardif, à peau épaisse, qui était réputé pour pouvoir se conserver jusqu'à Noël et même jusqu'à Pâques, mais c'était avant qu'avec le froid et les forcings nous parviennent en toutes saisons les fruits du bout du monde.

De là où nous sommes assises, nous tenons sous le regard tout le couvent. Il forme un U ouvert du côté de la colline, du potager et du cimetière des religieuses. Les choux ronds, pommés, prêts à éclater sous la force de leurs feuilles agencées les unes dans les autres en une boule serrée, brillent véritablement, nacrés comme des perles. Dans le pré où j'ai tant joué avant les repas du soir nous cueillons des rosés nouvellement nés et nous mangeons toute crue leur chair intacte, leurs lamelles rose doux. C'est comme une friandise.

Une sœur s'avance dans l'allée, à petits pas, se penche un moment vers le jardin. Elle tient à la main une clef énorme. Elle nous salue et loue la beauté du jour. Elle monte, dit-elle, à la Rotonde pour y dire le chapelet, mais avant elle va « dire bonjour » à la morte d'avant-hier. Elle s'apprête à expliquer ce qu'est la Rotonde mais je lui dis que je connais cette chapelle ronde en haut de la colline et qu'avec ma sœur nous allons y grimper.

« Ah ! vous êtes jeunes, dit la religieuse. Vous monterez plus vite que moi. Tenez, prenez la clef. »

Et elle nous confie la grosse clef du sanctuaire. Elle parle un moment des religieuses retraitées, bien plus vieilles qu'elles, des misères de leurs corps, de la mort qui les guette toutes, de leur ordre qui ne recrute plus et de l'Esprit saint qui veille.

Nous montons. Des hêtres somptueux font de l'ombre au sentier et au chemin de croix qui le ponctue. Les racines ressortent partout sur l'assise du sentier, au milieu des feuilles et des faines tombées. Un petit ruisseau vif et clair comme il y en a partout dans ce pays granitique coule droit depuis le haut de la montagne. Nous le croisons à chaque tournant. C'est celui où j'ai cherché avec passion les feuilles dont le limbe avait pourri et dont il ne restait que les nervures en dentelle.

La première station du calvaire, « Jésus est condamné à mort », est composée d'un groupe en bronze grandeur nature. Les personnages sont noirs, si opposés à la splendeur du jour et des hêtres qui pleurent sans arrêt à grosses gouttes lentes leurs feuilles cuivrées, ils sont si sombres et si tristes qu'à nouveau je les crains, comme autrefois. Tout en haut, devant l'entrée de la chapelle, il y a des touffes de piboulade dorée mais personne n'est là pour cueillir les champignons.

Lisse est la clef dans le mécanisme lisse. Voilà donc la Rotonde, celle des parties de cache-cache — il était interdit de l'utiliser pour jouer à cause du sacrilège, mais nous le faisions quand même —, celle de la messe du dimanche, celle où Jacqueline fit sa communion, toute seule sur un prie-Dieu installé au centre du cercle formé par nous toutes dans nos vêtements du dimanche devenus ordinaires auprès de ses blancheurs de mariée. Nous étions assises sur les bancs ronds fabriqués exprès pour la rondeur de la chapelle. Je rencontre parfois l'héroïne de ce jour. Elle a le même regard velouté et vide du jour de sa communion dans la Rotonde. Où ce souvenir de lumière se loge-t-il en elle ?

Nous redescendons. Le réservoir qui rassemblait les eaux de la montagne est toujours là, recouvert de lentilles d'eau et protégé d'un fin grillage. Il se peut qu'il ne serve plus depuis que les adductions d'eau ont été faites dans toute la campagne, mais la construction était solide et demeure intacte, ainsi que le canal d'irrigation bordé de fraisiers sauvages où seules, en cette saison, quelques feuilles rougeoient.

Nous rencontrons à nouveau la religieuse qui monte lentement, aidée d'un bâton, posant attentivement ses pieds qu'elle cale aux racines des hêtres. À chaque station, elle prie un moment et se repose. C'est pour elle, chaque jour, une promenade hygiénique et spirituelle.

Elle nous raconte que tous les matins c'est elle qui choisit la salade pour la communauté, la trie, la lave et la porte aux cuisines. C'est son travail. Ça et la prière. Elle aime le rosaire. Elle a un faible pour les mystères joyeux : l'Annonciation, la Visitation, la Nativité. Elle aime penser à l'enfance du Christ.

Nous lui rendons la clef et passons le portillon qui sépare la colline sacrée, soignée et ornementale, du jardin utile. À la jonction se trouve le cimetière des sœurs, plus peuplé de croix de bois peintes en blanc que le couvent presque déserté. Pas une fleur, et une tombe fraîchement ouverte, celle de la religieuse visitée tout à l'heure.

Il monte vers nous une minuscule silhouette noire. Encore une religieuse. Elle nous interpelle à la mode campagnarde :

« Qui êtes-vous ? »

Elle est bavarde et intarissable, écoute à peine ce que nous disons. Elle a quatre-vingt-dix ans. Ce qu'elle porte, c'est pour la commodité. Le costume de l'ordre est dessous tout entier. Pour le prouver elle ôte une sorte de galinette de paille à longue visière sous laquelle le visage aux yeux clairs est d'une blancheur de cire. Nous pouvons le constater, elle montre un bout de voilon sous le capulet noir. La jupe de l'habit ? Elle est trop lourde. Les bottes de caoutchouc bleu — elle lève la jambe pour bien les montrer —, c'est pour marcher commodément. Mais elle met les souliers pour se rendre à la chapelle.

Elle est toute louange et joie malgré des yeux presque éteints auxquels elle trouve même des avantages. Sa vision, dit-elle, est « emperlée ». L'acacia, là, par exemple, elle voit la lumière à travers lui comme à travers un tulle.

« Que le soleil est beau ! »

Elle entrevoit aussi, quand c'est la saison, les boules de neige des obiers. Pourquoi se plaindrait-elle ? Elle ne peut que remercier. Jusqu'à quatre-vingts ans elle a marché, couru presque. Elle faisait le tour des montagnes — elle a un geste panoramique vers la merveille automnale des hêtraies —, elle ramenait des herbes et des champignons. Alors les mauvais yeux ce n'est pas grave, surtout qu'elle jouit encore de la vue. Emperlé le monde, je vous dis, enveloppé d'un voile de mariée. N'est-elle pas l'épouse du Christ ? Elle revient au costume, à cette jupe trop lourde, à l'âge de toutes les sœurs, au

Seigneur qui s'avance vers elle, éclatant et voilé dans le soleil.

Sur le chemin de Brassac tout est vert, suave. Les brebis blanches sont presque brillantes grâce à l'inclinaison de la lumière. Le village tout entier est mémoire, presque évanouie pour moi, plus vive pour Mathilde. Elle évoque le fils du pharmacien pour lequel elle brûlait d'amour, un blondinet qui un matin la salua : « Bonjour... », pour ajouter : « ...espèce de couille. » Elle passa dans l'instant de la félicité au désespoir. La pharmacie a changé de place mais le crépi garde en bleu le nom PHARMACIE au-dessus de la devanture désaffectée.

« Il y a combien ? me dit Mathilde. Quarante ans ?

— Ayons du courage, plutôt cinquante.

— C'est effrayant. »

Depuis le lever, depuis le café entré avec la fraîcheur du matin, nous avons arpenté tant de temps, à contre-courant, que l'impression nous tient d'être en marche depuis des jours. Si nous allions voir ailleurs quelque chose de nouveau ?

Mais dans ce pays tout est retour. Nous avons partout une épaisseur de dix ou douze promenades faites à des époques diverses. À Castres, nous avons souvent visité le musée Goya, le jardin public, regardé les maisons en couleurs au-dessus de la rivière — elles ont des airs de Hollande — en pensant à Jaurès qui faisait ses tournées électorales dans la campagne avec une charrette pleine de livres. J'ai souvent rêvé à ce poids de savoir, à l'impression fabuleuse qu'il devait produire sur des auditeurs illettrés.

Au col de la Bassine avec Mathilde nous disons toutes deux d'une même voix :

« Ici, on a trouvé un enfant sauvage. »

C'est tout ce que notre grand-mère savait du sauvage de l'Aveyron. Elle le tenait de sa mère, qui le tenait elle-même de sa grand-mère. Mais il n'y avait rien de plus. Rien. Elle ne pouvait répondre à aucune question. Il me fallut attendre l'âge adulte pour découvrir le rapport d'Itard et, aux archives de l'Aveyron, le récit de la première observation, par l'abbé Bonnaterre, de celui qui devait devenir Victor. Depuis, le Tarn de mes origines est transfiguré par l'image de cet enfant qui riait en se roulant dans la neige, la mangeait à poignées, n'aima jamais que l'eau claire et s'installait pour la boire près d'une fenêtre où il pouvait voir les arbres.

C'est à Albi que nous dormirons. Parce que Albi est rose.

Avant d'entrer dans le musée il y a ce cheminement couvert d'une treille dans les jardins du palais de la Berbie. Les massifs à la française en contrebas ne sont pas destinés à la déambulation mais faits pour être regardés de haut depuis le promenoir et son treillis léger de sarments grimpants. Ils sont des tableaux végétaux, abstraits et symétriques, visités seulement des jardiniers. Le chemin serpente et les panoramas varient sur la rivière glauque où rêvent d'immobiles pêcheurs.

On monte et un belvédère rond révèle un plus grand morceau de Tarn, les berges opposées et leurs demeures seigneuriales, l'horizon doux et vert du pays, le pied des murailles de forteresse du palais dont seule la couleur modère la sévérité. Comme la cathédrale ferait peur si elle était grise ! Mais elle est rose, d'un rose éteint de vieille tuile.

Chaque fois que je suis venue dans ce musée, il s'est passé quelque chose. Une fois, la plus remarquable, mon fils vint me trouver l'air inquiet : « Viens voir, il y a Toulouse-Lautrec. »

Et en effet, devant les toiles et les vitrines, un nain aux jambes trop courtes, comme costumé, contemplait ses propres œuvres. Je ne saurai jamais s'il s'agissait d'un acteur embauché pour la circonstance — on célébrait un anniversaire de Lautrec — ou d'un homme qui s'identifiait au peintre, mais je sais que dans ce musée plein de tours et détours il y a le fantôme nabot, sa canne et son chapeau.

Aujourd'hui je découvre des peintures faites dans la propriété de l'Aude à Lautrec. Un portrait de la mère du peintre, terrible. Elle a les yeux baissés sur quelque ouvrage invisible de broderie. Sur un livre peut-être. L'ombre est verte et la femme aussi est verte, de ce vert un peu aquatique des feuillages. Verte et morte. Plus loin des esquisses de Routy, l'ouvrier agricole du domaine, taillant un bâton et les portraits que Toulouse-Lautrec en tira. Le regard du peintre laid et contrefait sur la beauté brute de ce jeune homme triomphant de jeunesse et de force physique est celui de l'admiration, de la jalousie et du désespoir.

Nous rentrons lentement, longuement. Nous nous arrêtons plusieurs fois au bord de l'eau. L'ombre gagne le fond des vallées. Le soleil est là, devant, à quelques mètres, parfois à quelques pas, et nous nous amusons à marcher au rythme de son reflux.

Là-bas où s'ouvre la gorge il illumine des toits blonds dans la verdure. L'eau est vive et fait du bruit, mais peu à peu nous nous en éloignons et c'est le silence.

Pays noir

Une aube verte et froide surgit de la nuit. Belle, hivernale, elle annonce Noël, et frémit de la joie la plus douce de l'an.

La veille, sous la pluie et la nuit, je n'ai rien vu du bassin minier, seulement une architecture pauvre et sans grâce de bâtiments répétés sans interruption de Cransac à Aubin. Le matin, je n'ai pas vu grand-chose non plus dans une ville à peine diurne, seulement les jardins dont les carrés réguliers côtoient le ruisseau. Dans ces jardins nombreux la même petite cabane à outils et le vert des choux et des poireaux. En arrière de ce vert, un bleu insaisissable rappelle le visage des mineurs. Ils étaient blêmes et bleus même après le lavage à cause de la pâleur de leur teint de l'ombre et de la fine poussière de charbon dont ils ne pouvaient se débarrasser entièrement. Elle était là indélébile, comme ce crayon bleu dont on faisait des dessins sur le linge avant de les broder. Un bleu cru et dur. Sur les abondantes photographies exposées au musée de la Mine tous les ouvriers paraissent avoir des yeux clairs, mouillés et tendres à cause du visage maculé.

J'ai pénétré dans le musée dont la façade est un tapissage de bois et les ornements, dès l'entrée, de gros blocs de charbon aux arêtes brillantes, des masses de verre noir. Les bannières des groupes de mineurs elles aussi sont imprégnées de la poussière que l'on nettoie aujourd'hui sur les façades.

J'entre pour connaître le prix du fer, le prix du chemin de fer, de l'énergie.

Au fond de la mine, dans les boyaux des tailles ils étaient trois. Celui qui cassait le charbon avec le pic, celui qui remplissait le wagonnet et le petit garçon qui le tirait sur les rails. Trois. Si un éboulement survenait, il arrivait que l'on ne prît pas la peine de dégager les corps. La grande montagne minérale garde donc quelques-uns de ces trios dans ses veines noires.

À circuler en cette minute, impunément pourtant, dans cette galerie étayée de troncs d'acacia tordus par le poids de la terre, où l'air se raréfiait très vite, on comprend la nécessité des jardins. Plus qu'aucun autre ouvrier le mineur rêvait de végétation et d'air. D'air surtout, qu'il respirait au tuyau de caoutchouc qu'il tenait entre ses dents. Il en aspirait une goulée comme on s'abreuve, comme on mange. Et l'air était chargé de l'odeur de cette terre dont il profiterait l'âge venu. Du moins s'il n'était pas mort. Du moins s'il n'était pas devenu aveugle. Il prendrait sa revanche contre le monde noir, miroitant et humide des sapes.

Là il n'y a pas de vie. Pas de racines. Pas d'animaux avant la venue des chevaux de petite taille qui remplacèrent les enfants à la traction des wagonnets. À la pause de midi, les mineurs pour leur casse-croûte s'installaient dans l'étable. Ils donnaient parfois un croûton au cheval. Ils caressaient le museau tiède et velouté. Ils regardaient ces yeux devenus aveugles d'une nuit trop prolongée, trop constante, si clairs sous leur abat-jour de cils. Le petit cheval descendu au fond de la mine par un treuil n'en ressortait que pour aller à l'abattoir. Mais peut-on s'attendrir sur ces bêtes qui ont remplacé les garçons de moins de dix ans ?

Les petits chevaux avaient besoin de litière, de fourrage et de grains. Avec eux dans la mine arrivèrent les rongeurs. C'est alors que l'on introduisit les chats. La première génération ne fut pas efficace, puis il y eut des portées nées dans ce monde noir. Ils avaient des yeux de lynx. Grâce à eux on vint à bout des rats. Alors à la pause, près de l'âne, les chats s'approchaient des hommes avec leurs yeux de verre. Et les hommes donnaient des débris de leur casse-croûte. Les chats quêtaient la caresse, étaient l'objet de respect et de soins, car ils étaient les gardiens des ténèbres, de petits dieux incarnés capables d'affronter les démons d'en bas.

Des chats, des chevaux moururent avec les

hommes dans les éboulements et les coups de grisou.

On dit « grisou » mais il n'est ni gris ni rien. Il est incolore, inodore, invisible. Enfermé dans la terre depuis des millénaires, ce méthane insidieusement diffusé explose au contact d'une flamme lorsque le mélange avec l'air atteint les proportions adéquates. Le souffle de l'explosion est si violent qu'il peut tuer dans un rayon de plusieurs kilomètres. Tuer en projetant les corps contre les parois. Tuer parce qu'il asphyxie. Tuer parce qu'il enflamme les particules de charbon contenues dans l'air, et brûle instantanément les poumons de braises incandescentes, minuscules mais en feu. Brûle l'intérieur, mais aussi la peau et les vêtements. Cette poussière de braise vive, le poussier, peut tuer à quinze kilomètres du coup de grisou.

Pour la première coulée de fer sortie à Firmy et produite à partir du charbon et du minerai du pays on choisit le jour de Noël 1828. Au moment du solstice d'hiver on fêtait la naissance de cette force qui allait éclairer la nuit, voler l'énergie assoupie dans le charbon. En cette fête de la Nativité on célébra l'avènement du nouveau Dieu, la technique. On devait y croire presque cent cinquante ans. On attendait de lui les nouveaux miracles : en finir avec l'effort des hommes, la maladie, et peut-être la mort. Peut-être le disait-on seulement pour justifier tant de misère, tant de vies sacrifiées. En cette nuit de Noël, le fer incandescent naquit de la montagne. Gê engendra Héphaïstos. C'est la nouvelle religion que les prêtres vinrent bénir près du duc de Decaze, des préfets du Tarn et de l'Aveyron, près du représentant du ministre de l'Industrie, au son joyeux des cloches de Noël.

Il resta longtemps les terrils. Quand on voulut les arborer on s'aperçut que les jeunes plants mouraient. Le cœur de ces collines artificielles était incandescent. Il le demeura longtemps. Maintenant il est refroidi. En automne les collinettes sont dorées. D'une entreprise titanesque, d'une montagne de misères et de douleurs il reste ce musée, bien modeste.

« C'est à ce prix que vous mangez du sucre en Europe », faisait dire Voltaire à un esclave des plantations de canne. Ce fut le prix de vies payé par le Pays noir, de moins en moins noir à mesure que l'on décrasse les façades, que l'on efface, que l'on oublie.

Les Vraies Folies-Bergère

Pendant cinq ans au cœur de l'été, pendant un seul jour, l'espace tout entier du village fut envahi par ce qui fut nommé les « Vraies Folies-Bergère ». Tous les lieux furent occupés, toutes les rues, tous les recoins, les garages vides, les magasins désaffectés, les maisons inhabitées, jusqu'au courant de la rivière, jusqu'aux endroits où l'on ne voyait d'habitude jamais personne, ces zones blanches que possède toujours une ville, même très petite.

On arrivait le matin et l'on tombait sur des brebis shampouinées et déguisées, portant des bas résille et des portes-jarretelles, des nœuds de ruban entre les oreilles, leurs babines velues maquillées de rouge à lèvres, leurs yeux cernés de fard noir. Les hommes se faisaient photographier avec ces miss dont la laine dans la lumière brillait de propreté. Il y avait dans leur rire, lorsqu'ils enlaçaient la belle, quelque chose de l'ambiguïté allègre du carnaval.

Plus loin les mérinos dans leur enclos ne faisaient rien d'autre que de se montrer, plus beaux que des statues, les cornes marmoréennes, le poil soigné comme des chats angoras de concours. Ils se tenaient presque immobiles, leurs beaux yeux cillus aux pupilles rectangulaires posés dédaigneusement sur leurs admirateurs. Dans une odeur puissante de suint, d'urine et de crotte, leur présentateur expliquait qu'ils étaient en consanguinité depuis le dix-septième siècle. Beaucoup s'étonnaient qu'ils ne soient pas dégénérés mais les gens de Rambouillet qui les avaient convoyés jusque dans l'Aveyron avec les précautions réservées aux convois de fleurs racontaient qu'au moindre défaut les bêtes étaient abattues. C'est ainsi que l'on obtenait ces merveilles soyeuses et bouclées. Les plus admiratifs étaient les éleveurs des alentours reconnaissables, dans la foule du jour dense et mêlée, à leur regard, un regard d'autrefois venu des temps où, sortant rarement de leur ferme, tout devenait pour eux objet d'observation et de réflexion, de comparaison, d'ajustement, possibilité d'emmagasiner des images qu'ils rumineraient longuement.

Il y avait tant de choses à découvrir, et partout, que les gens s'interpellaient :

« Tu as vu travailler les chiens de canards ?

— Tu as vu le conteur dans la salle de cinéma ? »

Et comme tout le monde se touchait, on entendait les relations enthousiastes.

Alors on se précipitait vers cet homme qui présentait des œufs énormes dans une couveuse à rideaux de velours rouge, faisait des passes magiques et affirmait que tout à l'heure allait naître une autruche. Son discours auquel, pourtant, on ne croyait pas était si bien débité qu'on restait là dans l'attente d'un miracle.

Alors, on courait jusqu'au bord de la rivière où l'on n'avait pas vu ces sculptures installées au milieu de la végétation, pas remarqué la toile d'araignée gigantesque qui occupait l'arche unique du Pont romain, ni ce sous-marin à l'ancre dans le courant qu'une pancarte présentait comme un prototype, le premier bateau à explorer le fond de la rivière et qui avait l'avantage de marcher au lait de brebis.

On allait jusqu'à la salle des fêtes voir dans les réverbérations lumineuses et sonores les scènes miniaturisées et animées de la vie champêtre. Penchés sur les tables, les visiteurs contemplaient un moulin qui tournait et moulait une farine blanche dans un nuage à tenir entre les deux mains, une forge dont le gros soufflet ravivait la braise à un rythme respiratoire. Il ne manquait rien, ni l'enclume ni les étincelles. Une autre scène montrait le travail du cochon, les couteaux, les boyaux qu'une femme élevait dans ses mains, la bassine à boudin remplie de sang frais, la machine à saucisse fixée au bord de la grande table. La salle où se déroulait le travail des femmes était reconstituée avec minutie. Même les couverts d'étain pendaient au vaisselier. Il y avait aussi des miniatures plus modernes. Un tracteur avançait et traçait ses sillons dans quatre doigts de terre meuble, une botteleuse crachait derrière elle des balles de fourrage à peine plus grosses que des boîtes d'allumettes. On entendait des grincements de poulie, des murmures d'eau. La grande agitation des Folies s'arrêtait au seuil de la salle, elle n'était plus qu'une rumeur pour ces gens qui se taisaient dans la contemplation de bribes de mémoires.

On n'hésitait pas à stationner sur l'esplanade, au grand soleil, pour voir de jeunes agriculteurs présenter la machine à tondre, tonitruante, jaune vif, totalement close au regard. À une extrémité on faisait entrer une brebis lainée.

« Une minute seulement par animal, disait le démonstrateur, cinquante-huit secondes exactement. Et voilà. »

La brebis sortait nue. Les éleveurs s'approchaient, la touchaient.

« *Amai, es de polit trabalh* », reconnaissaient-ils.

Et le bonimenteur, sans rire, brandissait sous le nez des gens le manteau de laine aux poils collés entre eux par le suint, cette cape épaisse qui attirait déjà les mouches.

On repartait parce qu'on n'avait pas encore rencontré le montreur de loup-garou et sa bête effrayante debout et velue qui cherchait à vous embrasser ou à vous dévorer, ni vu passer le petit train qui suivait dans le village deux traits de peinture jaune représentant les rails et s'arrêtait devant les docks méridionaux baptisés pour l'occasion « Bar Terminus », ou devant un magasin fermé depuis longtemps qui était devenu « Gare de Cloques ». Il s'arrêtait le petit train dans des sifflements et des fumées en accord parfait avec la locomotive noire et rouge, vrai jouet grandeur nature que l'on avait monté sur un tracteur.

On allait s'accouder un moment au parapet du pont pour voir en plongée le ballet des jeunes filles dans la rivière, la remontant à grandes enjambées dans des éclaboussures miroitantes, sortant de l'eau et s'étirant sur les pierres rosées dans le bruit de l'eau. Les corps moulés dans le Nylon pâle, elles étaient presque nues, presque sirènes.

On repartait sous un dais de guirlandes de fenêtre à fenêtre exécutées par les femmes pendant les soirs d'hiver, on passait devant le magasin de plomberie des Staqui, et au moment où l'on entendait « *Il pleut bergère* », il se mettait à tomber au milieu de la rue, par un ingénieux système qui en disait long sur les qualités artisanales de la maison, une bruine fraîche. Cette petite pluie était si agréable dans l'ardeur du jour qu'on se laissait mouiller voluptueusement en riant beaucoup.

Une joie neuve se respirait dans l'air, venue d'où ? De ceux qui circulaient, se congratulaient, se racontaient leurs découvertes, prenaient leurs amis par le bras et les entraînaient vers le « Macarel Show », vers le hangar où un spectacle de danse se déroulait au milieu de voitures anciennes, vers les peintures au sol, vers ce magasin fermé depuis si longtemps où avait été reconstituée une salle de traite. Au milieu, il y avait seulement le container brillant qui reçoit le lait depuis les trayeuses mécaniques, la salle moderne avait la propreté des laboratoires, mais on se serait cru près de la bergerie. Derrière un grand rideau de plastique épais on entendait les brebis invisibles : piétinements, bêlements, mâchoires broyant la paille et le fourrage. Jusqu'à l'odeur de lait et de fumier qui était reconstituée.

Sur le quai où il n'y a d'habitude que le soleil, le quai fréquenté seulement par les enfants pêcheurs de poisson blanc immangeable qui finissait dans l'assiette des chats, il y avait une foule dense d'esplanade en liesse. Dans le lavoir petit, inoccupé depuis les machines à laver, celui que la dernière laveuse à la journée utilisa jusqu'à sa mort, un artiste local avait installé sa « Bergerie folle ». Brebis, béliers, agneaux, constitués de débris industriels et naturels, occupaient cet espace où résonnait le bruit de l'eau. À partir de rasoirs bleus jetables, de chewing-gum recraché, de bics, de selles de vélo, d'un parapluie réduit aux baleines, de branches étranges, il avait créé des troupeaux cocasses, aux attitudes vraies et vivantes. Il était présent près de ses œuvres et les commentait dans un déluge verbal où apparaissait d'instant en instant son étonnante finesse de poète ou de prophète.

Sur la place du Pont romain, sur un simple trottoir, près de la buvette-snack qui débitait tout le jour nourritures et boissons, on pouvait s'asseoir et manger dans une formidable odeur de mouton rôti, de merguez, de frites. Écarlates, dévoués, radieux, les jeunes du comité des fêtes se penchaient vers la fumée, attrapaient les saucisses ou les côtelettes avec de grandes fourchettes et remplissaient ces assiettes en carton qui se plient entre les mains et parfois répandent leur contenu au sol. On en riait. Seuls les habitants des maisons alentour mangeaient dans des assiettes de faïence, ostensiblement, sur leur propre table de camping.

Il se fit à un moment une sorte de concentration sur cette place déjà suroccupée. Il était seize heures, quelque chose se dénouait dans le jour torride. Une estafette arriva et débarqua un piano droit, tout blanc. Les organisateurs eurent bien du mal à le caler sur le trottoir inégal. Il allait y avoir un concert.

Les gens se massent et font couronne. Deux adolescentes se préparent à jouer à quatre mains. Des chaises ont été magiquement sorties des maisons pour la famille. Pour le bisaïeul, c'est un fauteuil où il s'assied, l'œil bleu, encore noir de poil. Il a quatre-vingt-dix ans. Il est beau et d'une dignité de prince. Ses nombreux enfants vivent un peu partout dans des fermes aux alentours, ils sont connus dans le pays et estimés. On reconnaît les enfants et les enfants des enfants dans le cercle des auditeurs, tous signés de l'œil clair et de la chevelure sombre. Les essais sont terminés. D'un air inspiré, l'oreille sur l'instrument, l'accordeur a vérifié la justesse. Que peut-il entendre ?

Les gens se taisent. Un cercle de silence s'établit dans la cohue du jour. Les adolescentes s'installent, vêtues de bleu marine, le cheveu brillant, le teint lumineux sans un soupçon de maquillage. Elles commencent à jouer la marche nuptiale de *Lohengrin* d'un jeu appliqué, naïf, avec une conviction et un contentement qui font tomber le long de leurs joues leurs chevelures lisses où joue le soleil. À un moment, sur une hésitation, elles échangent un regard où rit leur confusion et replongent vers leurs mains et leurs partitions avec une application de jardinières. Le son du piano est sec, les harmoniques se diluent dans l'air chargé de bruits. C'est délicieux.

Après elles, deux fillettes se produisent à la traversière. Le chant de la flûte est si fin et si fragile qu'à trois mètres de distance on n'entend plus rien, on ne voit que le mouvement des doigts et des jeunes bouches. Les voix, les cris, les échos d'une fanfare de rue, on arrive à croire que les flûtes minuscules les engendrent, que tout le bruit de la fête vient de ce trottoir dallé des mêmes pierres roses émergeant du courant de la rivière où posent les naïades de l'école de danse.

À la nuit tombée, le repas collectif sur le grand foirail servit deux mille couverts. Une sonorisation gigantesque annula bientôt le brouhaha d'une telle ruche. Une douce musique monta, immatérielle. Elle accompagnait un spectacle sur échasses. Des insectes — des acteurs — vêtus de blanc déroulèrent les brumes fantastiques de leurs voiles sous le ciel froid de la nuit d'août.

Jardin Antonine

Ce jardin public nommé Villa Antonine brille d'une chose secrète et dont je ne sais rien, comme brillait à travers le coquillage la lampe minuscule introduite par l'ouverture, invisible mais qui révélait l'épaisseur et les couleurs de la nacre, comme une femme enceinte brille du fruit alors même que son ventre est plat, et on s'étonne de cet éclat sans savoir d'où il vient.

C'est le plus petit jardin public que je connaisse « trente ares, vingt centiares, le tout enclos de murs, dit l'acte notarié de donation à la ville. Le tout au Pech de la Pomme. » Il est situé à l'angle aigu de deux rues. Dans sa partie la plus étroite, en quelques pas seulement on va d'un mur à l'autre. J'ai eu pouvoir sur lui pendant six ans. Pouvoir au sens de celui que nous exercions à l'école sur les plus petits qui nous étaient confiés, c'est-à-dire droit de servir. Douce contrainte de tenir une main, de consoler, d'avoir souci du cartable et du goûter, douce contrainte de surveiller et de soigner un jardin.

À peine y a-t-on pénétré que l'on est entré dans un espace magique.

Est-ce le bruit menu du jet d'eau qui le transfigure ? Le bassin quadrilobé miroitant, l'éclair vif du ventre des poissons ? Peut-être cette tonnelle de ferronnerie en forme de cloche faite pour la lecture ou la conversation à voix basse, au pied de laquelle pousse un jasmin trop jeune encore pour la couvrir ? Elle est nue comme une volière où il manquerait les oiseaux — parfois il y en a un : un visiteur assis.

Le double mouvement de l'escalier du pavillon central, beaucoup trop grandiose pour une si modeste maisonnette, la brique autour des fenêtres, du même ton que les pavés de l'allée centrale, le monogramme du propriétaire inscrit dans le portail étonnent comme les statues dispersées dans l'espace du jardin, aussi nombreuses que les arbres et les arbustes.

Car la maison et son jardin furent légués à la ville par un Biterrois devenu sculpteur célèbre. À l'origine la Villa Antonine n'était qu'une grangette, une cabane au milieu des vignes, une halte pour les dimanches, petit bien agreste à portée de marche du centre-ville, auquel on ne demandait que quelques fruits, des ombrages et la paix. Le sculpteur n'agrandit pas la maison, il l'orna seulement d'un escalier à double révolution, d'un œil-de-bœuf. Dans les grilles de fer forgé apparut la signature du maître : un A majuscule enlaçant un I dressé. Deux ateliers lumineux furent construits et au fil des ans les statues nombreuses prirent pied dans la verdure. Elles émergent des buissons, guettent sous les arbres, font sentinelle au bord des allées, habitantes d'un lieu où grâce à elles on n'est jamais seul.

À peine le visiteur a-t-il passé la grille d'entrée que les branches bruissent, que les eaux murmurent autre chose que la ville proche et la circulation des rues, que les statues regardent.

Raides dans leurs corps parallélépipédiques, des statues-gaines bordent l'entrée : un Pan et un Dionysos, car le jardinier triomphe à chaque printemps de Pan sauvage, et au moment de la pause se reconstitue de vin. Les pieds qui émergent des corps de pierre sont gros et libres ; leurs orteils écartés, leur assise large sont faits pour la marche et la terre.

Ces statues sont bifrons. Derrière le visage des hommes ou des dieux barbus et terriblement faunesques, il y a celui d'une femme. On la nomme Mona Checca, cette divinité au nez épaté dont la tête est couverte d'un fichu qui s'enroule autour du cou et cache à demi une bouche qui sourit finement de tous les secrets surpris qu'elle tait ou divulgue à qui elle veut. Où que soit le promeneur une Mona l'observe, déesse domestique ou servante redoutable et devineresse, plus efficace pour l'ordre du jardin que le gardien lui-même.

Dieux et hommes-dieux pourvus de longues oreilles pointues ou de pendants en grappes sont tous inquiétants, ivres ou jamais rassasiés d'étreintes violentes. Sur un bas-relief un satyre portant chignon, musculeux et durci par l'effort, mord sous le bras la douce nymphe qu'il enlève. Mais les enfants de pierre sont pleins de grâce et offrent une image masculine inoffensive encore. Sous un acacia l'un d'eux est accroupi et joue avec une face de femme crachant l'eau, le gentil pisseur de marbre blanc de la fontaine est angélique dans son geste trivial.

Les femmes du jardin, au contraire, sauf la Mona, divinité servante qu'aucun voile ne dissimule, sont hiératiques et tranquilles. L'une est couronnée de fruits, l'autre cornue comme une chèvre. À la porte de l'atelier, les langoureuses beautés nues se réveillent à peine, belles matineuses aux odeurs de nuit. Leurs cheveux mollement relevés dégagent un cou fait pour le baiser, comme leurs jeunes petits seins durs et leurs fesses rondes. Sont-elles Antonine qui donna son nom au jardin, ce nom peint en rose dans le crépi ?

L'artiste passait ici ses vacances d'été. En homme riche qui se souvient de ses origines populaires, il jouissait de cette maison simplette qu'il s'était plu à agrémenter d'ornements démesurés pour elle. Fontaines, cariatides, peintures des murs extérieurs, vasques de fleurs sur pilastres composaient un décor champêtre et bourgeois. Même le réduit des compteurs électriques occupé autrefois par les latrines est décoratif sous son toit de tuiles de céramique verte.

Il aimait la fraîcheur des feuillages pour les apéritifs interminables, pour les repas pris en compagnie nombreuse et paillarde : repas du midi brûlant derrière le mince écran des branches, longs repas du soir dans les nuits d'été qui paraissaient fraîches après la canicule du jour. Ce n'est pas par hasard que l'entrée est gardée par une Mona et un Dionysos ivre, pas par hasard que les femmes sont nues et indolentes. Les hommes ici étaient pris entre la femme et l'ivresse. Croyons-en les statuettes secrètes du sculpteur : les repas se terminaient en orgies débraillées. Il était tard, le muscat ou le tokay de Hongrie pesaient leur poids sucré d'alcool. On enlevait les corsets, les caracos. Un couple de bronze est en train de faire l'amour sur une chaise : il s'agit dit-on de Saint-Saëns et de la comédienne Madeleine Roch. Une femme nue, allongée, jambes écartées, est offerte à elle-même. Cette autre est troussée jusqu'à la ceinture sous prétexte de trouver la puce qui la démange. Cette autre encore est baissée pour uriner, fesses à l'air.

Toutefois, deux phrases presque effacées inscrites sur le mur de l'un des ateliers disent que ce sculpteur si affamé de plaisirs charnels — bouche et sexe — pensait sans cesse à son art qui fut la grande affaire de sa vie. Les citations sont empruntées à Montaigne.

« Celui à qui l'on demanda à quoi bon il se peinait si fort en un art qui vient à la connaissance de guère de gens répondit : "J'en ai assez de peu, j'en ai assez d'un, assez de pas un." »

Cette première phrase difficile à déchiffrer dans le mur qui s'effrite résume un peu la carrière du sculpteur. Célèbre d'abord, il deviendra presque un inconnu. Les fidèles se raréfient mais il continue. « J'en ai assez de pas un. » À sa mort il est entré déjà dans le désert de l'oubli.

L'autre phrase paraît parler des femmes :

« Si vous avez failli votre pointe, n'allez pas en conclure que votre maîtresse est inviolable et chaste. Il se peut que le muletier y trouve son heure. »

La « maîtresse » n'est jamais que la sculpture et l'artiste sait amèrement que le chef-d'œuvre, parfois refusé à l'artiste méritant et obstiné, peut naître entre des mains indignes ou paresseuses. C'est la grande injustice de l'art et la leçon de toute une vie. Et ces statues de femmes partout dans le jardin, inatteignables dans leur sérénité même si on essaie de les forcer, c'est l'œuvre, toujours à faire.

Des photonias aux feuilles vertes et vernies dont certaines ici et là pendent, rouge vif, comme des fruits scintillent sous la lumière. Des lauriers-sauce arborescents, un tilleul, des cerisiers, des lauriers-tins, des buis taillés à hauteur de hanches, une treille promenoir, une pergola piège à ombre, composent les points fixes de l'architecture végétale du jardin, avec l'*Arauyia albens*, une asclépiadacée grimpante plantée du temps du sculpteur, appelée aussi trompe-venin car ses étamines soudées, son pollen au suc toxique avaient la réputation de tuer les insectes. En pleine campagne, au milieu des vignes et des oliviers, le rêveur, le bon vivant et l'amoureux étaient assaillis de moustiques.

On trouve toujours en ce lieu l'air purifié par les frondaisons, le silence, l'eau capturée en fontaines chantantes, luxe pour un pays où les ruisseaux, dès les chaleurs, tarissent et n'offrent plus que des trous d'eau dans des lits de cailloux blancs.

Dans ce jardin d'habitude peu fréquenté, je trouvai, un jour lumineux, éclairé d'un vent froid, une vingtaine de personnes de l'université du Tiers-Temps qui s'essayaient au dessin. Assis, travaillant des mains à petits gestes. Ils étaient, dans ce jardin étroit, des contrepoints de la statuaire. Qui assis sous la tonnelle, qui contre l'atelier, sur le banc de la pergola, face au petit pisseur de la fontaine, dans l'immobile train de l'après-midi qui fraîchissait à mesure que le soleil fuyait le jardin, ils travaillaient penchés sur leur feuille, silencieux, le visage empreint d'une sorte de bonheur suave. Leur maître de dessin me parla à voix basse du temps ancien du sculpteur. Partout autour c'étaient des vignes. Plus quelques établissements « spéciaux », guinguettes et bordels. Ai-je entendu parler du scandale de la Villa des Arts, en 1913, où l'on prostituait des mineures ?

L'après-midi coulait lentement dans le jardin occupé par les vieux élèves très sages. Pourtant la conversation que je venais d'avoir avec le maître fit lever à quelques-uns un regard curieux où passa peut-être le souvenir d'un temps où leur corps était exigeant, où ils auraient peut-être eux aussi aimé les parties fines. Ils en étaient loin désormais, ou alors j'imaginais une tranquillité qui n'existait pas. C'est probablement illusion pure de croire qu'aux deux bouts de la vie, enfance et vieillesse, on est dans la paix d'un sexe pas réveillé ou déjà mort. J'inventais la tranquille sérénité de ce jour. Ne voyais-je pas que cette dame penchée sur son esquisse était parfaitement peignée, coquettement mise, donc en armes ? Et cet homme qui me parlait, se redressait, passait la main dans ses cheveux que le vent dérangeait était visiblement en train de séduire.

Le soleil quitte le sol, glisse à la verticale sur les gaines de pierre, escalade les cariatides et disparaît.

Il fait silence. Bientôt la grille va fermer. À la pointe de deux rues une poignée de verdure dans la ville s'est refermée sur les ombres des vivants et des morts.

Périzonium du Christ
et caisse à gaver les oies
à Salles-la-Source

Il est quatorze heures dans la canicule lorsque je m'arrête à Salles-la-Source dans son vaste cirque, près des fameuses cascades, en cette saison de maigres eaux, peu spectaculaires. Je m'arrête au bourg, pour voir l'église Saint-Paul et son oculus à la croisée du transept. La Vierge allaitante en pierre peinte, dite Vierge d'humilité, a été volée et celle que l'on voit est seulement une reproduction. Du Christ pendu à la poutre de gloire il n'y a en ce moment qu'une image. Ce grand crucifix roman du douzième siècle a été emporté pour une restauration. Le commentaire qui accompagne la photographie nomme « périzonium » le tissu qui entoure les reins du Christ et cache sa nudité. On ne savait quel mot utiliser. Pagne ? Il renvoie à des sauvages. Cache-sexe ? Il évoque la pornographie. Tout ce qui concerne le corps de Jésus fut toujours abordé de manière non terrestre, non humaine. Il a un visage, des épaules, des pieds et des mains, mais ni ventre. ni muscles fessiers, ni intestins. Il respire mais ne pète pas. Son cœur bat mais son intestin ne saurait fonctionner. Quant au sexe... Tout ce qui paraît trivial est écarté. Il sue mais ne produit pas de sperme. Il a du sang mais point d'urine.

Si la statue avait été présente, c'est elle que j'aurais contemplée, son beau visage de misère et de paix, les éclaboussures du sang et les traces de la flagellation, la perfection d'un art accompli où transparaît toujours quelque chose de divin. Je n'aurais pas lu ce que dit l'écriteau et je n'aurais pas en moi cette mauvaise impression qui me tient, alors que je monte vers le village perché pour aller voir le musée du Rouergue installé dans une ancienne manufacture.

C'est au quatrième niveau que je m'attarde, dans ces combles en bateau retourné véritablement somptueux. L'armature qui soutient le toit a l'air d'une cage thoracique, même grâce des bois arrondis, même légèreté de l'ensemble. La lumière et des objets immobiles habitent ce grenier.

Il s'agit d'une multitude d'accessoires pour l'élevage. Non pas de ceux que l'on utilisait dans les grosses fermes seigneuriales, mais de ceux des exploitations ordinaires qui n'avaient que quelques volailles, une poignée de brebis, un ou deux porcs, une demi-douzaine d'oies.

C'est justement une astucieuse et rudimentaire caisse à gaver qui m'attire en premier. On capturait l'oie sous cette caisse sans fond, une ouverture en chatière minuscule permettait de faire passer le cou, et la gaveuse — il s'agissait le plus souvent d'une femme — s'installait à califourchon. On évitait ainsi les battements d'ailes de ces volatiles vigoureux, leurs coups de pattes affolés. Une gaveuse qui, elle, les serrait entre ses genoux me racontait qu'elle avait l'impression de les violer. Le bois de la cage exposée est noir, irrémédiablement taché par les fientes et la boue. L'entonnoir du gavage est posé juste à côté.

Il y a des nasses en osier utilisées pour pêcher dans la rivière, semblables par leurs galbes à des mannequins, des ruches dans des troncs d'arbre auxquelles le travail du miel a donné une patine et une odeur que je puis sentir à travers celle de vieux bois ciré qui, avec les objets, habite elle aussi cette pièce du musée. Il y a des mues à poules en grillage à très fine maille où la glousse était protégée des chiens et des chats, mais chiens et chats eux aussi à l'abri de son bec féroce qui pouvait leur crever les yeux.

Il y a une maison de berger élémentaire, sans roues, sans plancher, abri posé à même le sol, transporté à bras à mesure que le pacage se déplaçait. Par l'entrée ronde on ne pouvait entrer qu'à quatre pattes, et un volet de bois arrêtait les vents et la pluie. Elle fait songer à la caisse à gaver et à un cercueil.

Il y des jougs et leurs liens en couenne torsadée raide et translucide, des fléaux dont la partie mobile tient à la partie fixe par un mousqueton de cuir aussi efficace que les mousquetons d'acier d'aujourd'hui. Il y a des arches, ces coffres à grains beaux comme des armoires, hauts sur pieds, au bas desquels une petite trappe laissait couler, quand on l'ouvrait, le flot lourd du grain. Ce nom d'arche, comme j'aime qu'il évoque Noé. Au centre des orages, de la neige, de la longue nuit hivernale, cette réserve était bien semblable à l'arche de Noé, portant en elle la parade à tous les anéantissements.

Il y a des paniers pour porter quelques volailles à la foire, de petites cages pour pigeons et poussins, tout un matériel si humble qu'on s'émerveille de le voir ici, qu'on s'étonne qu'il n'ait pas été jeté, brûlé, mis aux ordures de l'histoire. Le souci qui le garda ne fut pas ethnologique. Ce fut la vieille avarice liée à la pauvreté. Le « on ne sait jamais » qui malgré l'électricité rangea avec soin au grenier la lampe à pétrole et même la lampe à huile. Personne n'avait jamais rêvé pour tous ces débris de destin de gloire, on avait seulement pensé qu'ils pourraient resservir. Il y avait peut-être aussi une tendresse du souvenir, quelque chose d'inavouable et de ténu pour celui qui tressa l'osier, tourna en boudins la paille de seigle et la ronce pour fabriquer ces couffins où faire gonfler la pâte à pain ou ces silos à grain mangés des rats et des vermines de végétaux.

C'est par principe que ni les outils de l'aïeul sabotier, ni les sabots inachevés, ni la table à ferrer ces mêmes sabots, ne furent dispersés ou donnés. Ils furent gardés par économie et scrupule, par calcul et tendresse, par prudence et nostalgie cachée. De toute façon pour d'obscures raisons. Restaurés, redevenus lisses comme au temps de l'usage, prêts à servir à nouveau, je les regarde aujourd'hui dans la touffeur du jour, dans la grande lumière du zénith sous les toits de la manufacture, près de ce rebord de Causse où en hiver coulent et bouillonnent les cascades pétrifiantes.

Le pays rose du vin noir

Villecomtal est bâtie en pierres de divers roses qui vont du rose très pâle de camélia au rose vif légèrement vineux. Les murs ainsi sont comme marquetés, l'air tout entier est rosé, et dans l'ombre ou le grand soleil, roses eux aussi, ces moirures des murs créent des respirations. Sur le rebord d'une fenêtre il y a un chiffon blanc, un de ces torchons sortis d'un drap ou d'une chemise, éclatant parce qu'il a longtemps bouilli, si éclatant qu'il ne reflète aucune ombre de rose. Quelle main va le saisir dans cette rue presque vide mais habitée derrière les façades ? Une musique descend la rue principale, pavée, qui s'achève par une haute porte ouverte sur la campagne surchauffée. Ce soir pourtant la nuit de septembre sera fraîche, peut-être froide.

Dans l'église dont les piliers et les arcs sont de la même pierre rose appareillée, il y a une pietà de bois peint, très naïve et très belle, un peu engoncée dans des couches de peinture successives mais que l'on perçoit parfaite. L'ensemble forme un triangle équilatéral dont la base est ce corps abandonné sur le tablier de Marie, un tablier couleur de bleu de travail, et dont la pointe est la tête. La statuette doit être légère car elle a été arrimée par un cadenas rudimentaire à une grosse tige de fer, fixation plus dissuasive qu'efficace.

À Mouret il ne reste qu'un château décharné qui de la route a encore belle allure. Hameau plus que village, ce Mouret où il reste surtout des ruines et seulement deux agriculteurs — dans deux hangars des feuilles de tabac sèchent, tête en bas, déjà jaunies. On voit des portes de granges au linteau arrondi fait de trois pierres magistralement taillées, des fours à pain couverts de lauses envahis de végétation, des fenêtres Renaissance, une tour carrée dominant un rempart dont il ne reste que des débris.

Une troupe de poules grivelées, des coqs somptueux, comme émaillés, s'ébattent devant la porte d'une maisonnette récemment retapée — et mal. La façade du moins, car la porte ouverte révèle le fouillis d'une pièce habitée par un célibataire. La table est à demi submergée d'objets divers, et dans un coin restent le verre et l'assiette des repas, constamment réutilisés. Des journaux en piles irrégulières ; un calendrier des postes suspendu auprès de ceux des années précédentes racornis et fanés — le plus récent est reconnaissable parce qu'il est moins sali de chiures de mouches et moins abîmé de cassures noires de poussière — ; des monceaux de boîtes vides ; des sacs en plastique, certains jaunis de vieillesse, où l'on reconnaît les mots de passe contemporains Casino, Champion ; tout cela poussé contre les murs, par terre, afin de dégager un espace central, un petit rayonnement autour de la table et jusqu'à la porte.

Le sol plein de détritus ressemble à celui de la cour où s'ébattent les poules et les coqs brillants de vie, d'une telle beauté de plumage que je me demande tout d'un coup s'ils ne sont pas élevés pour en tirer des mouches de pêcheurs.

Sur le seuil, du soleil, et, dans le fond de la pièce, une pénombre fuligineuse où s'agite la silhouette d'un vieillard.

Un peu plus haut près de la tour, deux hommes sont assis sur leur chaise et bavardent. L'un des deux surtout parle. Le plus silencieux a les yeux bleus. C'est lui qui est venu en visite. Il porte un veston de croisé noir, au dossier de sa chaise pend un casque de motocycliste, l'autre est vêtu seulement d'une chemise ouverte. Le vélomoteur d'un modèle ancien mais soigné est appuyé au montant d'un hangar sous lequel est entreposée une quantité invraisemblable de bois.

Nous engageons la conversation avec eux, et tout de suite ils sont ouverts à cet échange qui va éclaircir leur temps, le casser, l'alléger.

Le plus jovial raconte qu'entre sa maison et la tour un espace vide créait des courants d'air et rendait ce seuil impraticable en hiver dans ce pays dur. Il était impossible, même au grand soleil, de sortir sa chaise — c'est qu'il aime voir le mouvement, lui. Alors il a construit un mur entre la tour et sa maison, en belles pierres roses. Il était maçon. Il explique longuement les travaux qu'il a effectués chez lui. Et en effet sa maison est impeccable.

Sur la porte d'entrée la clef est engagée dans la serrure, l'anneau à force d'usage s'est cassé, comme les alliances parfois des travailleurs manuels, qui devenaient fines et dont il ne restait plus, comme sur cette clef, que deux cornes stylisées. Oui mais ce mur entre lui et la tour, s'il le protégeait des vents et créait le cagnard indispensable aux pauses de l'hiver, avait des défauts. D'abord il l'empêchait de voir le paysage et puis, au cœur de l'été, il ne profitait pas du courant d'air. Alors il l'a percé d'une immense fenêtre. Elle est ouverte aujourd'hui. On voit la campagne verte et rose, on sent le ventelet qui rafraîchit cette ombre où il se plaît.

Cet ancien maçon aime les pierres. Il en parle avec des sourires plein les yeux. Il a un air de bonheur que n'a pas l'autre, celui dont l'iris est bleu foncé et qui est venu de quelle ferme isolée, de quel hameau aussi désert que celui-ci ?

Mais lui, le maçon, explique tous les avantages de Mouret. Il y a ici tout ce qu'il faut. Le médecin à portée de téléphone. Les commerçants itinérants : le boulanger trois fois par semaine, le boucher-charcutier deux fois, l'épicier deux fois. Lui et son copain, ils ont tous les deux des voitures.

« Lui aussi, dit-il en montrant l'homme aux yeux bleus, mais il l'économise. »

Non, non. Il ne faut pas croire. Ils sont bien.

À leurs pieds des débris de coques brunes et luisantes indiquent qu'ils viennent de goûter avec des noisettes. Sur le rebord de la fenêtre deux verres et un litre de vin à demi plein. Leurs vêtements sentent le dimanche. Ce matin ils sont allés voter. Le plus silencieux dit :

« J'ai voté pour tous. Tous », et il rit.

Tout près d'eux il y a un cognassier si lourd de fruits que le maçon a dû en étayer les branches. Les étais partent du bas du tronc et sont beaux comme une charpente de tonnelle. Les fruits sont sains et veloutés. Il les donne et en échange on lui donne — il cligne de l'œil — de la pâte de coings.

À quoi tient ce sourire sur le visage de l'homme ? À la jouissance de la retraite, suffisante pour ces gens de peu de besoins ? À ce bien que leurs ancêtres n'auraient jamais osé espérer : se reposer enfin, être soigné, distrait. Ne devoir à leurs enfants ni la soupe ni les services, ne les devoir qu'à une vie de travail. Ils ont « de quoi ». Ils veulent dire qu'ils ont assez d'argent pour le passage du boucher, de l'épicier, pour le litre de gnole ou de bon vin mis en réserve pour recevoir les vieux copains, assez pour l'essence à mettre dans leurs vieilles voitures soignées qui les mèneront de temps en temps à Saint-Cyprien où il y a tous les commerces, à Rodez si c'est nécessaire, assez pour la note de téléphone, assez pour le chauffage en plus du feu de cheminée — et l'homme insiste, « en plus » —, assez pour l'électricité, le frigo qui donne glacée la bière et l'eau de cette source qu'autrefois on prétendait froide.

En regardant par la fameuse fenêtre, insolite dans le mur, je vois sécher la lessive : la machine a tourné ce matin.

Assis sur son seuil qu'à son gré il protège des vents ou sur lequel il fait, pour son bien-être, passer les vents, l'homme voit l'ensemble de l'activité villageoise, ce qu'il appelle « le mouvement ». Il sait les choses inutiles et indispensables. Il sait que le château à demi écroulé a été acheté pour quarante millions — anciens ! — et qu'il est à la vente maintenant pour dix seulement. Il connaît les gens et, plus loin, un certain territoire arpenté par lui pour le travail. Il connaît son voisin, le possesseur de la troupe rutilante de volatiles. Ils sont fâchés d'ailleurs, mais cette fâcherie fait partie de sa vie, l'alimente. Il rit avec son copain du désordre du célibataire. Lui, il est étique — à l'étiquette, c'est-à-dire ordonné —, lui, il jardine, il bâtit. Il possède plusieurs granges en ruine, là-bas, à l'orée du village, qu'il ne veut pas vendre et qui lui servent de carrières de pierres. En effet, près du cognassier il y a un tas de pierres roses. Elles attendent qu'il en fasse je ne sais quel usage, quel mur ou murette à monter pour son confort.

Un peu plus tard s'offre à nous le poème de Conques, l'office paisible sous les arcs arrondis, le cimetière et le jardin ombreux qui le précède, tous deux surplombant l'à-pic sur le ruisseau.

Les pierres roses et les moines blancs, les fruits rose pâle de l'hélianthe, les grappes orange du sorbier des oiseleurs, tout est magique, malgré la foule, les scouts en train de s'abreuver à la fontaine, écarlates, suants, marchant mal sur leurs souliers de montagne, les grappes de touristes encombrant les bas-côtés, buvant des Pepsi et autres Coca-Cola en boîte. Rien ne gêne car dans le ciel de Conques il y a le tympan où la couleur meurt lentement.

Au pied de Conques, le Pont romain où je me penche pour voir les truites est chaud de soleil accumulé tout le jour et le restera longtemps après sa disparition derrière les collines. Partout dans le pays on boit un vin âpre et noir fait d'un raisin lent à mûrir, fait pour les soifs et l'ivresse de l'hiver, pour être bu « entre soi » en mangeant la châtaigne sucrée, vin des nuits de nostalgie, révélateur plus que tout autre critère, quand on le débouche à Paris, de l'appartenance à une terre.

Fête de la Musique

On annonça à grande publicité la fête de la Musique. La date officielle tombait un dimanche. On crut que les concerts, divers, programmés un peu partout dans l'espace urbain allaient faire venir les foules. Mais quand je sortis de chez moi, à quatorze heures, par un jour estival, je compris que rien ne pouvait rien à la torpeur dominicale de la ville. Hiver ou été, les habitants ont toujours de bonnes raisons d'être ailleurs, de fuir vers la mer ou de dormir à demi, au chaud dans leur maison.

Le long des trottoirs, peu de voitures. Quant aux gens, on voyait comme d'habitude une silhouette ici ou là.

Sur la grande esplanade fraîche pourtant où selon le programme distribué il devait y avoir à quinze heures un orgue de Barbarie, à dix-huit heures un concert rock, il y avait une grande scène déserte, des baffles prêts à fonctionner. Dans le poudroiement de la lumière je voyais bien le minuscule instrument en bois peint, mais il ne jouait pas. Assis sur un banc, le couple des propriétaires et animateurs mangeait des sandwiches près des cartons troués et des paroles photocopiées à distribuer au public afin de le faire chanter. Ils joueraient, disaient-ils, quand il y aurait du monde.

J'avais l'impression d'être seule. Était-il possible qu'il y ait les concerts annoncés ?

Je pars vers la cathédrale par une rue silencieuse sous le soleil vertical qui ne ménage aucun couloir d'ombre.

Quelques musiciens affairés, en habit, portant la valise noire de leur instrument, passent, courent presque dans la rue chaude.

Je pénètre dans l'ombre délicieuse de l'église, mais c'est dans le cloître que doit se produire la « musique militaire ». La scène a été montée dans l'espace central, et les chaises sont disposées là, sous le grand soleil. Mais les spectateurs viennent prendre les chaises et s'installent à l'ombre, sous les voûtes du cloître. Seul l'orchestre reste stoïque sous le ciel pur et brûlant où tournoient les martinets.

Entre les musiciens et l'assistance, il y a l'espace surchauffé et l'herbe jaunie. Tout le monde, au frais, papote et papote. Ces vieilles dames bien pomponnées, qu'ont-elles tant à dire à leurs amies qu'elles voient tous les jours ?

Les musiciens sont tous très jeunes, cheveux ras, costumes impeccables, ventre plat. Leur chef, contrairement aux habituels chefs d'orchestre, est muni d'un grand bâton. Il le remue verticalement, raide et sévère.

La musique militaire commence. Heureusement, car les conversations n'ont pas cessé, elle couvre tous les bruits jusqu'aux cris des martinets. Après le *Boléro militaire* et *La Madelon*, inévitables, il y a une pause où l'on entend à nouveau les martinets et les rumeurs des conversations augmentées par l'écho du cloître. Il semble faire tout d'un coup plus chaud sous l'implacable lumière.

C'est fini. Temps mort avant le Chœur du Tiers-Temps dont j'entends ici et là dire grand bien. Je comprends que tout ce public de personnes âgées est venu pour les entendre. Les choristes sortent en rang de la sacristie où ils sont allés s'habiller. Les femmes sont vêtues d'une aube rouge cardinalice à laquelle il ne manque qu'un surplis de dentelle pour faire ressembler cette assemblée à des prélats au chœur. Il faut oser ce rouge sur des corps épaissis ou voûtés. Mais les chevelures ont vu le coiffeur hier — certaines sont bleutées, quelques-unes acajou, une carrément carotte —, des bijoux d'or ornent les cous, les mains qui retroussent le tissu écarlate portent des bagues. Les hommes sont très discrets, vêtus de gris. Seul un petit nœud du même rouge que les robes éclaire leur chemise.

Le programme est « élevé », beaucoup de chants en latin dont le *Canticorum jubilo*, *Belle qui tiens ma vie*. Seul le chant final est moderne, *Amazing Grace*.

La sortie du Chœur du Tiers-Temps se fait rang après rang, sous les applaudissements. L'après-midi tout d'un coup s'éveille. Les choristes viennent saluer leurs amis sous le cloître puis se hèlent, s'exhortent, se pressent mutuellement : ils donnent un autre concert ailleurs. Je consulte le programme, c'est à l'église des Pénitents. Les chanteurs courent. Vol étonnant d'étranges oiseaux, ils s'éparpillent dans les rues de l'été.

Le public quitte la cathédrale. Les rues ne sont plus aussi vides. Des îlots clairsemés de gens bavardent ici et là, mais tout autour est posé le silence du dimanche, si compact, si intense qu'il se mêle à la chaleur pour rendre difficile la marche dans les rues.

Lorsque j'arrive aux Pénitents bleus, après m'être attardée dans certaines cours et placettes où tout à l'heure, au moment où sombre l'après-midi, il se passera quelque chose et où je ne vois que des scènes ornées de plantes vertes et des chaises vides, le Chœur du Tiers-Temps a fini de chanter. Les femmes ont enlevé leur aube rouge, l'ont pliée et mise dans un sac en plastique. Dessous, l'une porte une robe blanc pur. Une autre une veste vert salade. Mais je reconnais surtout celle à la chevelure flamboyante. Elles sont assises dans l'église et vont devenir le public de l'orchestre de plectres qui s'installe et s'accorde avec de délicats trémolos. Je les connais bien et les appelle tendrement le « régiment des mandolines ». Il y a des instruments de toute taille. De tout petits que les musiciens tiennent sur leur cœur comme des jouets, de très gros, mais aucun ne fait grand bruit.

Les plectres commencent à picorer *Santa Lucia* et une *Suite languedocienne* où à cause du changement de rythme la bourrée est à peine reconnaissable.

L'assistance est finalement nombreuse. À la chorale s'ajoutent les fidèles de la mandoline, les parents des enfants qui, après les plectres, vont donner leur concert. Il fait une chaleur de four. C'est bien la seule église de la ville qui ne soit pas fraîche. Une femme ayant prudemment amené un éventail rafraîchit son visage écarlate. Tout porte à la somnolence, la touffeur, le bruit minuscule des cordes et leurs évocations de soleil vénitien ou romain.

Les musiciens sont âgés, blancs de poil pour la plupart, en habit, portant un nœud papillon noir sur leur chemise d'un blanc de neige. Tous s'activent à leur partition. J'attends que Line lève les yeux et croise mon regard pour lui faire un signe d'intelligence, mais elle s'applique à gestes vifs et menus, et ne quitte des yeux le chef d'orchestre que pour jeter un œil sur sa partition. Léon a son air joyeux habituel. Comme un petit garçon sage, il est attentif lui aussi, totalement livré à la musique. En arrière des airs — en ce moment *Au revoir Capri* — on perçoit le bruit métallique des mandolines, et si l'on ferme les yeux on croit entendre des plantoirs, des cisailles, des arrosoirs entrechoqués. Une troupe de doux jardiniers est au travail. Léon compte-t-il les années qui lui restent à vivre de douce retraite ?

Ce *Stenkarazine* qu'attaque l'orchestre, mais c'est la musique de *La Princesse Miarka*, celle de la colonie de vacances et du patronage ! Sur cette musique désuète, je fuis la chaleur éprouvante et je pars vers Ouillats. Je vois Jo, bouclée, souple comme un chat, sauter en l'air et retomber en grand écart, si jolie sous sa toque de velours, avec ses beaux yeux de Bohémienne. Le son aigrelet des mandolines m'aide dans le voyage.

Le vert d'eau du ciel et de la mer peints sur les murs ne rafraîchit pas l'atmosphère, non plus que le bateau ex-voto fendant l'air de la nef, ou sur un autel latéral la barque des Saintes-Maries.

Silence. Bravos et réveil de tous. Les enfants se préparent. Il y a une petite fille rousse comme la dame de tout à l'heure, mais cette couleur est vraie et charmante. Une percinette en robe noire à pois blancs fait son intéressante, déjà assise sur le tabouret du piano. Des parents font bonjour depuis la salle, mais les enfants ne répondent pas, trop affairés à se préparer près de l'autel où ils ont posé leurs violons et sous lequel une petite sainte de cire dort dans sa robe d'or.

Dans le foyer du troisième âge Maurin, une autre chorale se produit. Elle a nom « Vie montante », ou « Crescendo », contre la vie qui fuit et le chant de l'être qui s'amenuise.

Il y a une pleine salle de gens bavards et gais. On a ouvert les fenêtres et fermé les rideaux. On espère ainsi tourner le dos à ce jour trop lumineux, trop brûlant.

Les choristes sont en majorité des femmes vêtues de noir, ceinturées d'or, portant au décolleté une grosse rose de ruban doré. Il y a seulement quatre hommes. Il se dit qu'ils viennent d'un village proche. C'est un vrai spectacle, en deux parties. Les acteurs ne se contentent pas de chanter, ils évoluent avec plus ou moins de raideur ou d'agilité, font des gestes en guettant de l'œil à droite et à gauche pour voir si c'est le moment de tourner ou de lever les bras.

Une présentatrice lit sur un papier quelques lignes bien élaborées pour annoncer chaque morceau.

« Voici *Au nord, c'étaient les corons*. En l'honneur de *Germinal*. »

Il y a beaucoup d'extraits d'opérettes. Deux femmes et deux hommes en sont les vedettes avec de jolies voix presque professionnelles à peine entamées par l'âge. Ils se taillent un beau succès auprès des auditeurs les plus cultivés. Après viennent des chansons comiques pour un public plus peuple. Pour chanter *Les Jolies Colonies de vacances* les choristes sont déguisés de bermudas fleuris, de petits tee-shirts bariolés, de caleçons multicolores. Les gros ventres, les jambes maigres, les vieux visages miment l'enfance, les rondes, les jeux, et c'est presque pathétique.

La Cabane bambou est un solo, en play-back. Une dame plantureuse est transformée en négrillon par un collant entier. Les mains sont passées au noir ainsi que le visage où saigne une bouche rouge vif. Elle porte un pagne de raphia jaune canari et se trémousse avec enthousiasme, déchaînant les rires. À voir, au pied de la scène — il n'y a pas de coulisses —, le sourire pincé des chanteurs à belle voix on comprend qu'ils méprisent un succès remporté avec une telle vulgarité et qu'amèrement peut-être en cette minute ils s'interrogent sur le peu de cas qui est fait de la qualité. Mais la salle délire.

Le final, c'est *Méditerranée* de Francis Lopez. Il y a un cafouillage dans les évolutions. La chanteuse d'opérette qui mène le ballet ne peut s'empêcher d'engueuler les maladroits. L'incident passe largement inaperçu et toute la troupe, dans un bel ensemble, termine les bras à la verticale.

À des hochements de tête on comprend que demain certains vont se faire tancer, renvoyer peut-être. La vie de ces chorales n'est pas idyllique. Les gens âgés sont cruels comme les enfants. On imagine les haines, les complots, les prises de pouvoir dérisoires. Plus quelques histoires sentimentales où des belles de soixante-dix ans, fringantes, chantant avec des voix pointues de chœurs angéliques de paroisse, chipent leurs maris à celles qui ne savent pas chanter.

Après, une longue table joyeuse installée dehors sous les arbres invite tout le monde à une collation. Un visage se tourne vers moi, on m'appelle. C'est la boulangère de la rue Tourventouse, celle d'hier, du lointain paléolithique de mon enfance. Elle fend la foule pour arriver jusqu'à moi et en quelques secondes franchit quarante ans. Elle vient de ce temps où ma grand-mère était vivante, où ma mère rayonnait d'un triomphant âge mûr, où ma grand-tante à moitié aveugle mais rapide allait chercher le pain, habituée qu'elle était aux moindres irrégularités du trottoir, où Lalie de son étal des halles m'appelait pour me donner un fruit, où les filles Gayraud venaient chercher à son étal de légumes leur mère, veuve, qui n'avait pas trouvé mieux que cela pour gagner une petite vie, où la famille Marty était si heureuse d'un garçon né avec la paix et le retour de captivité du père. Presque tous sont morts. Ce jeune fils s'est brisé la nuque en faisant un saut périlleux à l'entraînement de gymnastique. La mère ne s'est jamais remise de sa mort et le père, une nuit d'orage, est parti en mer avec son voilier. On ne l'a jamais retrouvé.

Elle vient vers moi, la boulangère, à peine changée, m'embrasse avec des larmes, m'embrasse à travers tous ces morts qui nous lient.

Tout d'un coup, l'illusion de la gaieté tombe, et aussi les artifices qui voulaient masquer les débris laissés au bord de nos routes. Nous faisons face au peu de temps qu'il reste à franchir.

Cloître et pom-pom girls à La Romieu

La Romieu, au centre de la vaste campagne agricole toute en collinettes de velours vert et blanc, s'orne d'une collégiale du treizième siècle et d'une tour octogonale, bien trop monumentales pour le pays. Le village dort au centre de sa solitude, dans l'espace délicieux des prés. On croirait qu'il n'y a personne.

Une musique tonitruante éclate. Elle vient de la place à couverts du village. Sous le ciel printanier, un groupe d'adolescentes pom-pom girls est en répétition. Elles ont dû enregistrer le chant de l'équipe du village, on le pense à entendre ces voix qui, c'est le moins que l'on puisse dire, ne chantent pas en finesse. Sur ce fond musical elles gesticulent. La musique violente, la gestuelle sont incongrues dans ce paysage de belles constructions cerné de champs juste verdis.

C'est la pause. Elles arrêtent leur poste de radio, sortent des boîtes de boissons, s'assoient ou se couchent à demi sur le sol. Comment un village, semble-t-il désert, peut-il contenir tant d'adolescentes ? Mais un village est rempli de présences cachées et de gens à l'affût.

Elles se mettent à chanter des chants de corps de garde de leurs voix de très jeunes filles, presque des petites filles — il y a quelques jolis sons citronnés de comptines de cour d'école —, mais on entend « couille », « cul », « fesses », et ils résonnent sur les façades sages, rebondissent dans l'amphithéâtre des prés verts, sur on ne sait quoi, vont des couverts aux fenêtres claires, voilées de rideaux blancs qui disent une imperturbable correction villageoise.

Pendant cette pause, au moment où s'étalent les cuisses nues, où montent ces chansons obscènes, il sort de l'église le sacristain ou le chef de fabrique, un être presque curé, à l'œil insaisissable derrière la vitre épaisse des lunettes. Il marmonne qu'heureusement il a autre chose pour la chorale du dimanche. Il y aurait donc deux groupes de jeunes filles dans le village ? Celui des jeunesses pas convenables et celui des jeunesses bien tenues chantant sous la voûte gothique ?

Il ne parle pas seul, le sacristain. Il s'adresse à une dame, étrangère au village, qui est là près de sa voiture commerciale chargée de mallettes de démonstration. Elle mange du pain et du fromage, rompant la baguette dont les miettes tombent dans la lumière du jour. Elle sourit. Depuis un moment, elle écoute les adolescentes.

« Madame, dit l'homme, je vois bien que ça vous amuse.

— Comment avez-vous vu ça ? J'étais seule près de ma voiture.

— Oui, mais du cloître je vois par un trou dans une pierre qui manque. Venez, je vais vous montrer. »

Ils rentrent dans l'église, et par un arc à mâchicoulis passent tous deux dans le cloître dont le motif décoratif est difficile à voir tant la pierre est rongée de maladie.

L'homme montre le trou.

« Mais, dit la femme, il est bien trop haut pour voir au travers.

— Pas avec ce banc-là. »

Dans un coin du cloître il y a un banc d'église délabré.

Ainsi on avance dans un village endormi. On aurait presque marché sur la pointe des pieds, le grelot de l'épicerie a paru excessivement bruyant, on craignait de déranger jusqu'aux élégants chats de plâtre perchés sur les bordures des toits, sur l'appui des fenêtres, puis éclate la musique, le groupe gesticule, les mots obscènes tout ronds et audibles montent dans l'air chaud, le sacristain, que l'on croit dans l'église, passe dans le cloître dont la pierre meurt inexorablement, aussi sûrement qu'un sablier s'écoule, grimpe sur un banc de bois vermoulu, se repaît impunément des cuisses des jeunes filles, regarde la dame blonde et note son sourire.

Au plafond de la sacristie, seize anges peints du quatorzième siècle célèbrent dans les nuages la gloire d'un Dieu aussi pâle qu'eux.

Le parfum des îles

Les poignées des portes en forme de gouvernail de voilier, les meubles bateaux, les peintures laquées bleu marine, les cuivres tout luisants, jaune d'or, et la lumière nette et fraîche du jour contribuent à donner à cet hôtel un air pimpant. C'est la fête du Livre à Toulon-la-Romaine, ville du pourpre, du rouge somptueux qui teignait les laines et les soies des empereurs. Tout à l'heure sous le chapiteau je vais voir René Frégni et je suis heureuse à l'avance de lui dire tout le bien que je pense de son beau roman. Il se situe à Marseille, un Marseille qui n'a rien de folklorique, celui des souffrances des pauvres et de leur entêtement à vivre, des dents qu'ils doivent serrer chaque jour pour joindre les deux bouts, qui aiment, espèrent, rient et émergent de leur enfance lourds des efforts et des douleurs de leurs pères et mères, de leurs frères de misère. Une Marseille qui n'a rien à voir avec l'image lisse et habitable que l'on sait, ni d'ailleurs avec son inverse, la Marseille des truands. Mais entre deux mythes, le noir et le blanc, respire dans *Le Voleur d'innocence* une ville vraie.

La salle à manger est bruyante et animée. Un voyage organisé du troisième âge a investi l'hôtel. Tous piaillent et se hâtent. Ils vont commencer la visite bientôt. Leur accompagnatrice distribue de petits drapeaux au bout d'une longue hampe. Ils seront, dans la foule, leur moyen de se regrouper et de se compter. On va les amener vers le faux Toulon. On leur parlera du parfum des îles.

La Partie de cartes grandeur nature, avec des statues de bronze, trône au milieu de la place Raimu, près d'un miroir d'eau couleur d'étain, un bassin comme on en construit actuellement, où le niveau de l'eau arrive au ras des bords et donne l'impression que le liquide est suspendu en l'air, sans récipient, une eau immobile, lourde semble-t-il, presque maléfique. Autour de la table en bronze, où il y a des cartes de bronze, sont installées quatre chaises. Trois seulement sont occupées. La quatrième est vide et son métal patiné jusqu'à la dorure dit assez que les touristes se font photographier au côté d'un Raimu que la mort a amaigri jusqu'à le rendre méconnaissable, conforme peut-être à son image de jeunesse, celle de la statue en pied face au théâtre. Mais malgré l'absence de ressemblance personne ne s'y trompe. Tous les gens de la salle à manger auront leur photo-souvenir. Ils iront aussi vers les murs peints, le souvenir de Félix Mayol, vers l'Arsenal, vers le marché aux légumes et aux poissons. Toulon s'affirme telle qu'elle se veut : inoffensive.

Elle embaume les mimosas, les ombres légères des arbres y dansent, sa musique est la cigale et, en haut des mats dans le port, le chant aigu des poulies des voiliers.

Deux femmes pénètrent dans la salle du petit déjeuner, vastes, rose pêche, cheveux blancs. Elles sont vêtues de gris pâle mais les bonnets stricts, les manchettes, les cols fermés d'un petit nœud et les grands tabliers empesés qui les enveloppent sont blanc pur. Serait-ce un costume folklorique ? Non. Avec mon anglais balbutiant j'apprends qu'il s'agit de religieuses suisses. Elles sont si propres, si bien repassées, si roses sous leur bonnet et leurs cheveux blancs que je me demande comment elles vont s'en tirer avec le pain frais et les croissants qui s'effritent, quelque précaution que l'on prenne. Mais tout est prévu. Gazouillantes, après un discret signe de croix elles sortent des épingles à linge toutes petites, roses et vertes, de ces épingles de couleur qui parfois remplacent les trombones dans le travail de bureau, et elles fixent la serviette de table sur tout le devant de leur corsage. Cela fait un large écran blanc au-dessus duquel leur frais visage s'étale. Elles ont l'air gentil et propret des oiseaux de mer. Restent les manchettes. Mais leurs gestes du bout des doigts sont précautionneux et leur bouche minutieuse. Quand leur petit déjeuner est fini elles sont aussi propres que les mouettes ayant pris leur repas sur les tas d'ordures, comme si leur costume était un plumage soigneusement entretenu où peuvent sans dommage ruisseler les eaux sales.

Pour le repas de midi un car emmène les écrivains à la Tour royale.

Au lieu de profiter du jour presque chaud, de la mer bleue et douce, nous pénétrons dans cette forteresse qui a le pied dans l'eau, nous quittons l'air léger pour l'absence totale de lumière diurne. Il règne dans ces salles à l'humidité glacée une animation mondaine avec les officiels — beaucoup d'officiers de marine dont les boutons, les aiguillettes, les galons étincellent sous l'éclairage. Ça papote ferme. Pourquoi X n'a pas eu le Goncourt... Comment cette belle brune, que l'on désigne par le nom de son père, « la fille de... », porte dans sa culotte un mot écrit par un vieil écrivain tremblant. On sent presque matériellement, dans cet ancien pourrissoir à prisonniers aux murs indestructibles, les haines et jalousies actuelles, à peine masquées par la politesse. En contrepoint à travers le temps, leur répondent douleurs et espoirs, vols, peur, brûlures du sexe, et solitude dans la promiscuité. Cela arrive à rendre inconfortable et amer un repas pourtant soigné.

Enfin nous émergeons dehors où un petit mistral donne transparence à la lumière. Une sorte de chemin de ronde permet de faire face à la mer.

Au large, il y a les îles d'Or. Depuis la côte elles ont toujours excité le rêve. Port-Cros, Porquerolles et celle si joliment nommée île du Levant.

Dès 1836 elle était à vendre. Le comte de Portalès y construisit un pénitencier pour jeunes détenus. Il devait durer vingt ans.

Autour de moi on s'extasie sur la beauté de la côte découpée en criques dans une roche grise et dentelée, sur le soleil, le ciel, la douceur provençale. On n'a même pas envie d'évoquer le bagne, les hommes un pied rivé au banc, un poignet attaché à l'aviron, mangeant et dormant sur place. Pourtant c'était « avant la Révolution ». Qui voudrait alors entendre l'histoire sinistre du pénitencier, du bagne d'enfants dont le plus jeune avait huit ans et s'appelait Raymond ? Il y eut une nuit terrible, celle du 2 au 3 octobre 1866, où la révolte des emprisonnés éclata en même temps qu'un furieux orage d'automne. Elle dura cinq jours. Les gardiens avaient fui, le directeur et sa famille aussi. Les bâtiments du pénitencier furent livrés à deux cent quatre-vingt-huit enfants et adolescents maltraités et mal nourris. Ils pillèrent les réserves, mirent les tonneaux en perce, s'enivrèrent, se gavèrent de lard et de saucisson et immolèrent par le feu quatorze de leurs compagnons, les plus jeunes, qu'ils accusaient d'être des mouchards. Ils les nommaient les « espis ».

Rien, nulle part, ne raconte cette histoire. Les chèvres sauvages et la végétation sont venues à bout des murs et des ossements du cimetière comme des cachots et du porche d'entrée à colonnades. La révolte est aussi enfouie que les trois dauphins de la fontaine de la place Puget.

Cette mémoire est cachée et prisonnière comme le liquide des agates à eau que l'on peut voir au muséum. Elle veille dans quelques plaquettes de la magnifique bibliothèque à l'ancienne dont le plancher craque sous les pas et qui sent le vieux papier, la poussière et le bois. Il n'y a que moi pour la réveiller en cette minute, pour sentir dans l'air vif du jour la chair brûlée, pour entendre par-delà le bruit de la mer et cent trente ans de silence les appels dans la nuit des enfants brûlés vifs.

Le lendemain, sur le cours La Fayette, je me promène dans le fameux marché provençal. Les petits poissonniers font un cercle bleu et blanc d'étals pittoresques. Rougets, seiches, encornets, petits poulpes de rocher s'égouttent par des trous dans les planches bleues. De moment en moment, une goutte, brillante de la lumière du jour, gonfle à l'ouverture, pèse, prend la forme d'une poire et se brise au sol. À un étal, il y a deux énormes et étonnants poissons plats que la marchande nomme « hirondelles de mer » et dont elle dit qu'ils se nourrissent de crevettes. Ce sont les thoniers qui les pêchent au grand large. J'apprendrai dans quelques jours que l'on désigne ainsi la grande castagnole et le grondin-trigle. Ceux d'aujourd'hui font entre trois et quatre kilos. Ils sont marbrés dans divers tons de gris et de noir, ils ont l'air de tableaux de Soulages. Leur œil est aussi gros et limpide qu'un presse-papier de verre blanc. Ils sont frais et brillants de vie encore. Je ne me lasse pas de les regarder. C'est une élégante « Côte d'Azur d'autrefois » en tailleur Chanel gris et accessoires rouges qui achète ces hirondelles parfaitement assorties à ses vêtements. Un pigeon au sol picore, un long bout de bande magnétique accroché à la patte. Qui l'en délivrera ?

Un parasol carré rouge vif annonce : « Spécialité provençale : La cade à Dédé ». Dans chacun des marchés de Toulon il n'y a qu'un seul marchand de cades. Il s'agit d'une charge honorifique. C'est une jeune Arabe qui vend cette sorte de *socca*. En en achetant une portion, je lui dis qu'au Maroc j'ai mangé dans la médina de Tanger une semblable crêpe à la farine de pois chiches. Un peu plus épaisse seulement. Elle s'étonne. C'est donc moi qui lui apprends ce qui est de la terre de ses ancêtres. Elle, elle est née ici. Je demande :

« C'est vous qui la fabriquez ?

— Non, dit-elle, c'est mon patron. »

Au moment de plier, le patron arrive : un Maghrébin. Les prospectus parlent des santons de Toulon. Peut-être des artisans marocains du Rif, habiles à tourner la terre dont ils font des figurines qui sont de véritables objets d'art, sont-ils déjà les santonniers du pays ? Je pense à Saint-Pons où ce sont les enfants de harkis qui cueillent les cèpes, connaissent les coins et font petit commerce de leur cueillette au bord des routes.

Toulon, si tu regardais en face ta véritable histoire ?

Balade avortée à Bruxelles

À un passage souterrain de Bruxelles j'ai quitté d'un côté le printemps soleilleux et trouvé de l'autre la pluie et un ciel si brouillé que le tunnel paraissait faire passer d'une saison à l'autre.

Je loge dans un palace de la Belle Époque. Des chasseurs m'ont accueillie sous un dais, vêtus de costumes clergyman, portant en lettres d'or le nom MÉTROPOLE sur la poitrine. Leur visage, leur façon de parler contrastent si fort avec leur uniforme qu'ils sont comme gênés dans leur déguisement. Les grooms — veste bleu marine à col Mao, boutons dorés, pantalon gris — se sont précipités sur mon bagage. Je croyais que les grooms étaient de jeunes garçons ? Mais non, ils sont vieux, méditerranéens, les cheveux huileux.

Dès le couloir de réception, immense, éclairé de hautes fenêtres larges et cintrées aux vitraux blancs et verts ponctués de sceaux orange, fausse cathédrale où résonnent les pas et les voix, ce ne sont que plafonds à caissons, stucs, marbres, fers forgés tarabiscotés délicatement, décorations, dorures, mosaïques. Il n'y a pas un espace où se reposer les yeux, où ils ne soient pas assaillis de quelque magnificence. Pas une plage nue. Les lustres à pendeloques au-dessus de la tête, les canapés de cuir, les palmiers, les colonnes corinthiennes, les bois tournés lisses, durs et polis mieux que des pierres, les lampes voilées, la pénombre du piano-bar et sa ligne cristalline de bouteilles scintillantes ne cherchent qu'à brouiller la piste, à vous submerger d'un luxe princier, à empêcher de penser. Au bout de la rampe un cheval en cuivre doré est arrêté, cabré, comme s'il butait sur le bois précieux à la fin de sa course vertigineuse. C'est le principe du gothique flamboyant avec ses surcharges de retables, de peintures, de statues, de jubés : un étalage naïf, un amoncellement de gloires et d'orgueil. Il n'y a pas d'âme. Tout est fait pour qu'elle ne puisse même pas affleurer à la surface, les somptuosités lui tombent dessus pour la noyer à chaque instant.

À peine dans le café s'est-on étonné du lustre portant des sirènes que l'on tombe sur un rapace, un inquiétant prédateur. L'ascenseur antique, ajouré comme une cage à oiseaux, monte et descend entre le hall et les étages, enlève les gens comme une ascension au-dessus des marbres roses du sol.

C'est « Ouf ! » que j'ai envie de dire dans la rue en quittant ce miroir aux alouettes pour me rendre au musée. Je désire voir seulement une salle, celle des Bruegel. Me voici dans l'ailleurs du tableau de la chute des anges rebelles. Michel archange cuirassé d'or est entouré de bons anges roses et blancs. Sous eux, précipités du haut du ciel, en train de s'incarner en toute chair, les mauvais anges pleuvent, bêtes hybrides aux ailes souvent somptueuses, aux corps de batraciens montrant un gros ventre blanc. L'un pète, l'autre s'éventre lui-même et au moment de la mort pond ses œufs. Il ne leur reste que les ailes, florales, insectiformes, vitraux, nageoires et soies.

Heureusement il y a dans d'autres tableaux des images terriennes, rassurantes. Dans un paysage de neige, une trapelle à oiseaux est installée sous un buisson. C'est le piège le plus simple : une pierre volontairement instable, tenue par des branchettes, écrasera les oiseaux venus picorer les appâts et s'agitant imprudemment. Il y a aussi dans un cortège carnavalesque une danse du soufflet et un homme battu par sa femme avec un battoir à linge. Autant d'images humaines présentes encore dans notre imaginaire et non pas inquiétantes comme ce combat des bons et des mauvais anges qui ne se fait pas dans le ciel mais dans l'homme.

Je sors dans une rue d'aujourd'hui et de toujours en songeant au bois de chêne qui jouxte ma maison, au silence du petit matin, à la beauté de la lumière, aux troupeaux poussiéreux à forte odeur, aux nuées de mouches qui les suivent et assaillent bergers et chiens — mais l'hirondelle bleue est là justement à cause des mouches.

Des boyaux de rues mènent à la Grand-Place où les touristes peuvent voir, depuis des salles de bar haut perchées et vitrées, un son et lumière mettant en scène les pierres, les façades et leur ornementation.

Il commence à bruiner et j'avance dans la rue étroite entre les tables des restaurants et les étalages de poissons qu'ils exposent sur de la glace pilée — sorte de neige ou de givre en paillettes.

Des baudroies énormes à tête d'ange déchu, des lieus, des saumons, des brochets armés jusqu'aux dents, des bonites. Quand les sort-on de l'étalage ? Les sort-on seulement ? Certains yeux sont un peu creux. Pourtant les plats servis aux tables, poissons grillés ou crustacés et plateaux de coquillages, sont appétissants.

La rue est si étroite qu'il n'y a place en son centre que pour deux files de promeneurs : une montante l'autre descendante. Les dîneurs frôlés en permanence ne paraissent pas gênés par ces passants à la queue leu leu qui regardent dans leur assiette. Ils ne lèvent pas plus les yeux sur eux que si la vitre opaque d'une salle les isolait.

Sans interruption, à perte de vue, la rue offre ces tables garnies, ces odeurs, ces gens qui avalent avec appétit, ces étalages de produits de la mer en monceaux qui attestent d'innombrables réserves capables de rassasier la foule. Je songe au moment où l'on plie les éventaires de la rue pour le sommeil nocturne et à ces frigos où l'on enferme les invendus.

À un moment, dépassant de la glace, je vois

le dos d'un poisson inconnu. Un peu plus loin, le même. Mais comme l'animal est à demi plongé dans les cristaux blancs, sa tête est invisible et il m'est impossible de l'identifier. À un étalage, juste posé, je peux regarder enfin, entier sur cette neige, un bébé requin. D'un gris si mat, si velouté, si profond, sans nuances, d'un blanc si pur du côté de la tête que je crois à un poisson de plâtre. Mais je tends le doigt et reconnais la chair. Je m'étonne que l'on puisse manger des requins mais j'ai bien vu arriver sur les étals le silure qui en sortant de l'eau pleure entre ses barbillons comme un petit chat.

Bébé requin. Bébé requin encore d'étal en étal. À un garçon à peine vrai lui aussi dans son costume-uniforme noir et blanc je demande si l'on mange maintenant des darnes de requin, mais il me dit que non, que c'est juste pour la beauté de l'étalage, qu'après on les jette. J'imagine toute cette splendeur, ce gris de velours où le regard se perd dans le grain uniforme, ce long museau, ce regard presque mutin jetés aux ordures. Et alors pourquoi le montre-t-on, cela ? Par quelle aberration, en vue de quel objectif ?

C'est là que je fais demi-tour, avant même de parvenir à la place rose or et argent où a lieu le son et lumière, où dans l'immeuble-brasserie les buveurs, à l'étage, sont suspendus dans la nuit au-dessus des magasins de dentelles et de biscuits fins, sortes de poupées mannequins visibles depuis la place par les promeneurs. Je fais demi-tour, et prenant la première venelle transversale je refuse de naître à la beauté de la place, ma balade avorte et je rejoins le sein maternel du sommeil.

L'ennui aimé du dimanche

C'est le dimanche soir, l'hiver, un jour nuageux. À cinq heures il fait déjà nuit. On se souvient alors d'un Hall de la Chaussure, de La Richarde où il se vend des vêtements de peau. Ils sont ouverts tous les dimanches. Ou bien on se souvient de cette galerie de mobilier dont une réclame dans la semaine a annoncé qu'elle serait exceptionnellement en fonction.

Vêtements, chaussures, canapés sont toujours visités le dimanche. Peut-être parce qu'il n'y a rien de plus poignant que les immenses parkings vides, les fausses rues entre les présentoirs éclairés mais déserts, quand on côtoie les zones industrielles des jours fériés. Alors on vient s'y réchauffer l'âme plus qu'y acheter. On se conforte là dans son être social, on échappe au vide de l'être seul ou se sentant tel après un dimanche devant la télévision, quand les coordonnées qui tenaient debout la maison et la maisonnée sont comme usées et ne fonctionnent plus. On se précipiterait bien dehors si les rues n'étaient pas elles aussi désertes et insolites. On gagnerait encore plus d'angoisse à les arpenter, devenues totalement étrangères. C'est alors qu'on va sans besoins réels vers ces commerces ouverts où se recharger, vers cette épicerie qui fonctionne jusqu'à dix heures du soir et dont les enfants ont nommé le propriétaire l'« arcan du dimanche ».

Les gens qui déambulent dans Tousalon ou Chauss' 2 000 ont la même mine réjouie que ceux qui viennent chez l'épicier. Elle leur vient de la lumière et des autres, du monde en place d'une caisse enregistreuse et de son *tin ! tin !*, de la caissière, des cageots de légumes, des rayons habités, des chariots qui circulent, des allées parmi les banques ou les meubles où l'on se croise, où l'on se salue, où l'on se reconnaît. Hier on savait bien qu'il manquait des produits indispensables, que l'on serait juste en pain ou fromage, mais on gardait cela en réserve, comme un secours au terme de la journée longue, au terme de la solitude avec soi-même, avec les lieux et les êtres trop connus, vides comme des agrumes pressés. On avait en réserve cette friandise pour les crépuscules. Et elle servirait à rebondir jusqu'au souper, jusqu'au coucher, servirait à supporter la vacuité, le vertige du temps.

Il arrivait que l'on y eût recours au bout de dimanches en campagne, après des promenades lumineuses de beauté. Trop peut-être. Le ciel immense sur les étangs, la garrigue jusqu'à l'horizon. Notre-Dame-des-Auzils à toucher le ciel, les bords de l'Orb, cette église visitée dans la lumière déjà oblique et une ombre tôt venue à cause des nuages d'orage.

On s'arrêtait près de l'un de ces marchands du bord des routes — du producteur au consommateur. On achetait du miel, des fromages, une caisse de pommes. À la Maison de l'Olive on trouvait, outre des olives diversement préparées et tirées des tonneaux avec une louche trouée, de l'huile hors de prix mais verte comme le ciel, du maquereau et de l'anguille séchés et poivrés, des pâtés qu'une étiquette dorée ou manuscrite garantissait de lièvre, de sanglier, de grive, de sansonnet, préparés « de façon artisanale ». Cela sentait la mer ou la campagne proche. On avait encore les yeux pleins des olivettes argentées de l'hiver, retroussées de vent dur. On achetait pour le repas mais surtout pour le plaisir. Après avoir visité l'abbaye, on se précipitait vers la boutique, on fixait la mémoire avec des cartes postales. On achetait une brochure sur le monument, des livres d'éditeurs confidentiels ou inconnus que l'on était sûr de ne pas trouver ailleurs. Tout à l'heure ils allaient aider à se hisser au sommet du jour jusqu'au moment où il est légitime de se laisser glisser dans le sommeil, ils allaient aider à la conversation.

Ou bien dans la nuit tombante on voyait briller les lumières d'un caveau ouvert, comme celui du Roueire. Il proposait au milieu des foudres un mini-musée d'instruments agricoles, et des photographies anciennes agrandies, groupes de vendangeurs, femmes aux sarments, échaux. On était sûr que ces travailleurs étaient tous morts. Cet enfant, si jeune, était peut-être encore vivant ? On regardait la date, on faisait un rapide calcul : lui aussi était mort. Les outils d'autrefois, vernis, au tranchant brillant, semblaient sortis du néant. Après le premier moment de confort à l'abri du vent on se rendait compte qu'il faisait très froid entre les foudres. Dans le coin de dégustation le vin descendait glacé dans l'estomac. On gagnait la salle d'exposition de peintures. L'artiste local attendait les visiteurs, avide de parler. On discutait avec lui sur ses aquarelles tandis que le crépuscule noircissait les vitres.

On sortait dans la nuit avec dans les bras les bouteilles froides, avec dans la tête tous ces sourires des morts dans des visages secs et noirs.

Au printemps on entrait dans un musée qui paraissait alors s'éveiller dans l'instant. La gardienne levait les yeux de dessus ses mots croisés, son tricot ou son livre, s'étirait et souriait soulagée. On avait pour soi seul les peintures, les objets, cette reconstitution d'une gare, la salle des « arts et traditions populaires », ses armoires ouvertes sur des faïences, des toiles légères, des bonnets et des robes d'enfants repassés et comme prêts à servir, des chemises grossières dont certaines étaient tissées de fibres de genêt. On allait d'une pièce à l'autre dans un écho de pas et de voix démesurés. Dehors, le soir du grand printemps ne voulait pas tomber, la lumière était intacte. On était pourtant sorti à la dernière minute, l'heure de fermeture était même passée, mais on avait fait pour nous une exception. On parlerait longuement de cette visite.

On laissait derrière soi le musée ciré, son odeur de vieilles pierres, d'église fermée. Il faisait chaud, on retrouvait une voiture surchauffée. On quittait le havre de fraîcheur, on quittait aussi la distraction. On s'était rechargé, mais au fil des heures reviendrait progressivement, comme s'apaise une houle, l'ennui aimé du dimanche, aimé malgré la peur de soi et de la mort un moment écartée. Les objets que l'on rapportait, souliers, vin, pâté, pain, livres, cartes postales, allaient servir d'appui, de rambarde contre les heures. Bien fragile, bien illusoire, mais on allait s'y accrocher.

En hiver on aimait le bouquiniste du Somail, au bord du canal du Midi. Une immense cave à vin désaffectée était remplie de tant de livres, si accumulés sur plusieurs paliers, jusqu'aux poutres, que l'on y trouvait toujours ce que l'on désespérait de revoir depuis des années. Telle collection de son enfance, de petites livraisons pieuses, *Nounouche la petite ourse* aux vignettes bleues et roses qui faisait monter les larmes aux yeux, des *Miroir du sport* avec le portrait de Louison Bobet tout jeune, des *Ciné Revue* avec des stars aux longs cils, tout ce que la mémoire avait gardé sans support de papier, qu'elle retrouvait grâce à lui, mais aussi lointain, inaccessible et pâli que dans le souvenir.

En février, on s'arrêtait chez le chevrier du Mas-Rolland. La fin du jour était nette comme le froid de la montagne mais la bergerie était chaude où le bouc répandait son odeur. Les chèvres aux cornes interminables nous regardaient. Sous leurs ventres les chevreaux éveillés et vifs tétaient avec un bruit mouillé en ébranlant les mamelles de grands coups de front. Le bouc dans son enclos se grattait le dos avec ses cornes en renversant la tête en arrière avec orgueil. Il portait comme des bijoux ses testicules énormes et noirs, volumineux, habillés de velours. Dans la laiterie soigneuse on parlait de l'achat d'un chevreau et on achetait du fromage frais, du demi-sec ou du sec poivré et cendré, parfois du caillé tremblant que l'on mangerait avec le dernier pot de gelée d'azeroles ou, salé, avec la salade sauvage.

Dans la nuit il était tombé quelques poignées de neige, et sur les bords abrités du soleil, sur les versants à l'ubac, les creux en gardaient un peu, très peu, comme une main retient un peu d'eau. C'est cette petite neige qui rendait éclatant le paysage et donnait à l'air sa fraîcheur claire.

On s'arrêtait, sur le chemin du retour, au bord du barrage récemment mis en eau. On regardait cette masse verte, opaque, aussi immobile que le mur vertigineux qui la retenait. On sentait cette eau pesante comme le marbre, non celui qui est poli, mais celui, mat, qui vient d'être détaché de la montagne.

La comparaison venait à l'esprit parce que l'on avait fait un arrêt aux carrières de marbre de Laurens dont on aimait les formes théâtrales et les sonorités d'amphithéâtre. Le dimanche personne n'y travaillait et on avait enjambé la chaîne. Au pied des à-pics rectilignes, des blocs semblaient avoir été abandonnés là par des géants dérangés dans leurs jeux et partis en quelques pas vers l'horizon maintenant mauve. On avait marché, écouté les échos, mais le froid du soir avait fait préférer le parapet du barrage où jouait le dernier soleil. On regardait les pêcheurs, on se demandait quel poisson venait à l'hameçon. Un homme désignait du doigt un point de la berge et parlait des anciens trous à goujons du ruisseau disparu sous l'eau haute, épaisse, lourde, marbre vert scié au fil hélicoïdal. Dans la voiture on bavardait à bâtons rompus, sans passion, soulagés, délivrés du dimanche et le regrettant déjà.

Le lendemain, on répondrait, sans analyser vraiment la confusion des images, que oui, cela avait été un bon jour.

Circuit rouge
en Lot-et-Garonne

Dans ce pays arrondi, totalement jardiné, les vergers succèdent aux vergers, les pommiers rosés et vert tendre aux pruniers. Dans cette terre vaste, arrosée, fine, clémente, fertile, le lycée agricole initie pourtant aux cultures hors sol.

Les tomates poussent dans de la laine de roche faite à partir de roches volcaniques poreuses, totalement stériles, et habitent dans un salon, un de ces jardins d'hiver comme il en existait dans les riches maisons du dix-neuvième siècle, une pièce totalement vitrée. Un goutte-à-goutte fournit aux plants ce dont ils ont besoin : l'eau, les phosphates, les sels minéraux. Les aliments viennent de grands bacs installés dans la pièce voisine, sortes de perfusions géantes. Tout cela d'une parfaite propreté de laboratoire et invisible depuis le salon. Rien ne dépare dans la gloriette lumineuse, près des pieds alignés. « Pieds » d'ailleurs est impropre pour désigner ces tiges de la grosseur d'un poignet d'enfant, ces sortes d'arbres aux énormes feuilles luisantes qu'aucune poussière ne ternit.

Un système de châssis fournit l'air nécessaire. Dans ce pays de douceur l'air n'était pas encore assez doux. Les ouvertures admettent une petite quantité de l'atmosphère extérieure. Mêlée à la chaleur accumulée derrière les vitres, elle donne la température idéale. Des thermomètres placés dans la salle de contrôle et des boutons électriques permettent à tout instant de réguler l'atmosphère intérieure.

Aujourd'hui le ciel est suave, le printemps éclate partout, mais la plante n'a même pas à affronter l'aube vive, la froideur des nuits. Elle n'a rien à faire qu'à pomper les éléments diffusés dans le sol stérile, tous nutritifs.

À mesure que la tige principale pousse, un système de poulies la maintient verticale puis l'incline pour mettre la récolte à portée des cueilleurs. Le salon des tomates est harmonieusement habité de ces tiges penchées dans un même mouvement, ornées de gros fruits intacts et calibrés.

Ce n'est qu'avec des légumes de ce genre, d'égale grosseur, que l'on peut garnir les plastiques prémoulés des boîtes de transport. Je me souviens de haricots verts parfaitement égaux, entourés de papier fin ne laissant dépasser que le bout pointu. Des poignées de fleurs. Ils devaient provenir de cultures hors sol.

Les tomates comme cirées sont si semblables,

les tiges inclinées si parfaitement parallèles que l'impression est forte d'un jardin d'ornement.

« Et elles sont très savoureuses, précise le professeur d'agriculture en blouse impeccable et souliers non crottés, car, dites-moi, pourquoi une plante qui peine pour trouver l'eau et la nourriture, qui subit le chaud et le froid, ferait-elle des fruits meilleurs ? »

Évidemment je ne sais que répondre à cela.

Des insectes divers entrent par les châssis ouverts, venus de la « nature », la vraie, là, tout autour des demeures de luxe pour tomates. Avertis par leurs antennes, ils pénètrent et menacent les fruits protégés.

Qu'à cela ne tienne, on introduit des prédateurs de vermines. Ils sont élevés exprès — dans quel INRA, dans quel autre lycée agricole ? — et envoyés dans de minuscules maisonnettes de carton. En effet, en voici — jouets de papier découpé, pendeloques de sapin de Noël —, pendues aux branches ici et là. De ces ruchettes artificielles des bourdons sortent, gros, vêtus de velours brun, superbes.

Puisque l'on peut faire de l'agriculture sur le ciment, qui sait si un jour les galeries marchandes des villes ne seront pas bordées de légumes aussi parfaits que ceux-là ?

Je marche entre les plants bien plus grands que moi et mes pas résonnent comme si je longeais une rue. Je pourrais être une agricultrice en souliers vernis et petits talons. Sous mes semelles il n'y aurait pas une pincée de terre. Ni sous mes ongles.

Ces tomates sentent-elles aussi bon que celles des jardins ? Je froisse discrètement une feuille, et je trouve intacte cette odeur, aussi agréable qu'une eau de toilette.

En sortant, je traverse sous un préau. Je n'ai même pas senti le vent. Et d'ailleurs il ne m'intéresse plus. Pourquoi le craindre ? Il ne sera plus desséchant ou casseur de tiges. Pluie ou non, les tomates auront leur juste quantité d'eau. Si la journée a été brûlante, le soir les feuilles ne seront pas molles d'évanouissement.

Après des milliers d'années l'agriculture peut enfin se moquer de la météorologie, comme elle peut se moquer des sols ingrats. À condition que le soleil ne soit pas trop tamisé pour la photosynthèse, on récoltera de mars à octobre.

En me rendant au réfectoire, je passe visiter les fraises. Les fraises en l'air. Pas à proprement parler hors sol, seulement séparées du sol. Elles sont posées sur de hautes traverses semblables à des pergolas où sont installés des sacs de terreau. Les piliers étant des rondins, on croit avoir affaire à des fraisiers arborescents.

En ce moment c'est le plein rendement de ces cultures. Les sacs de terreau sont invisibles car retombe une abondance de beaux fruits en grappes. Il s'agit de « garriguettes » parfumées. Pourquoi en l'air ? Il y a tout avantage. Le plant entier reçoit le soleil, la chaleur est mêmement dosée que pour les tomates. Même les fruits du bas, ceux qui pourrissaient souvent au lieu de mûrir, posés à même l'humidité de la terre, sont ici rutilants sur toutes leurs faces. Et puis la pluie. Avez-vous songé à la pluie ? Après un orage, les fraises sont éclaboussées de terre. Rien de semblable pour le verger des fraises en l'air.

Je me promène dans une sorte de roseraie au milieu d'odeurs délicieuses — confitures et goûters de mai.

Lorsque j'arrive au réfectoire où l'on me servira des tomates en entrée et des fraises pour le dessert, mes souliers sont intacts.

On n'arrête pas le progrès.

Les Causses sont bleus

En allant à Mende faire passer l'oral du bac de français, je découvris que les Causses étaient bleus.

C'était la mi-juin. Dans l'horizontalité du paysage, les troupeaux de brebis se déplaçaient, au loin, presque imperceptiblement. Le plateau était soyeux de millions de « cheveux de vieille » où le vent jouait. Des femmes ici et là, toujours des femmes, faisaient des bouquets. Elles s'appliquaient à ne couper les queues qu'au ras du sol et les posaient sur leur bras gauche en une gerbe souple. Cette herbe qui tient plus de la plume d'autruche et du fil de soie que du végétal accrochait la lumière rasante. Un instant je m'arrêtai et une cueilleuse m'expliqua que chaque brin se vendait un franc. Elle était tout illuminée de ce flot à son bras d'une douceur de lait.

C'était le temps aussi de la première coupe de fourrage. L'air sentait le tiède, le vert. Et le bleu.

À constater partout la présence de ce bleu insaisissable je crus comprendre qu'il était dû à la pâleur des roches reflétant le ciel, aux bourraches et bleuets abondants, à de subtils courants de la lumière. Encore aujourd'hui j'ignore exactement d'où il vient, mais il est là aussi bien dans le froid de l'hiver que dans la canicule où il devient d'unc violence électrique.

Les bâtiments du lycée entouraient des cours intérieures où des allées couvertes permettaient de passer de l'un à l'autre. C'était agréable dans ce pays de froid et de pluie, et même en ce mois de juin où le soleil piquait droit. On suivait l'ombre légère et à droite et à gauche c'était l'éblouissant soleil. On avait une impression rapide de patio, de palais arabe repensés pour l'altitude, pour la pluie, la neige, et permettant de se glisser entre deux lumières, entre deux froidures, entre deux chaleurs.

Nous étions deux à interroger dans la salle que l'on m'avait désignée. L'autre était un moine enseignant d'Alès. Nous eûmes le temps de parler entre deux candidats et pendant les repas pris à la cantine. C'était un bel homme aux yeux clairs. Il me raconta qu'il était organiste, qu'il portait d'habitude la soutane à laquelle il ajoutait un scapulaire bleu pour la prière au chœur. Pour cet examen il s'était vêtu d'un costume impeccable, un peu vieillot. Son visage avait un air douloureux, corrigé par une sorte de volonté de paix et de joie.

Dans une salle proche travaillait une jeune femme. Par je ne sais quel recoupement j'appris que je connaissais son père. Je l'avais rencontré aux archives départementales. J'avais peu parlé avec lui mais il était, à vrai dire, inoubliable avec ses souliers largement troués à la place du gros orteil, son aspect pas lavé, l'allure, les vêtements, la mauvaise santé d'un homme qui paraissait être passé à travers les épreuves physiques de l'errance.

Allais-je les inviter à ces promenades du soir que je projetais dans les jours longs de juin ?

Je préférais être seule, aller ici et là, non pas vraiment au hasard mais en profitant des opportunités, en changeant, si l'occasion se présentait, l'itinéraire prévu.

En arrivant sur Mende par la route de Florac, j'avais remarqué deux pancartes. L'une indiquait ERMITAGE et l'autre, plus étonnante, VILLAGES MORTS.

L'Ermitage, sanctuaire de pèlerinage perché à mi-chemin de la falaise verticale, comme suspendu, possède un jardin à la mesure de cette halte vertigineuse : étroit, entouré de larges piquets peints en noir. La terre, sous la pluie menue, était presque noire et les salades brillantes, irréelles. Au-dessus dans le roc, on voyait les grottes maintenant transformées en chapelles où se terrait autrefois l'ermite. Je songeais à ce désir de se percher et d'être à la limite du vide, des vides pourrait-on dire, car dans la solitude se révèle le gouffre intérieur. L'ermite : un point de conscience entre deux vertiges.

La maison qui accueillait les retraitants, proprette comme un jouet, était ouverte. Personne dans le couloir ciré où, sous les vitres irrégulières d'un meuble ancien, on apercevait quelques images pieuses et des médailles de saint Privat, évêque et martyr, faiseur d'incroyables miracles. Personne, mais dans la pièce à côté, dont la porte entrebâillée révélait qu'il s'agissait d'une cuisine, on entendait quelqu'un s'activer.

Au présentoir de cartes postales, l'une montrait l'ensemble de l'ermitage, une autre la statue de bois du saint, une autre encore quelques toits dépassant d'un épais fouillis végétal : les villages morts.

Une religieuse rose et vieille sortit de l'office. Nous bavardâmes sur le seuil près du jardinet qui ressemblait à une tombe d'autant plus qu'il était comme posé sur le gravillon blanc de l'esplanade étroite sur le vide. Je demandai où étaient les villages morts.

« Dans la forêt, dit-elle, mais on a enlevé les panneaux pour les repeindre. Alors, les trouver... »

Je pris la route vers la forêt. En l'absence d'indications je ne savais où j'allais. Le chemin jaune et sableux que je suivais se divisait soudain en deux chemins exactement semblables et j'en pris un, au hasard, mêmement marqué de traces de tracteurs, bordé mêmement de tas de bois de coupe, un chemin où les roues de la voiture écrasaient des pignes tombées. Il n'y avait aucun point de repère dans cette forêt plantée d'une seule espèce de sapins, fermée à hauteur des yeux par les troncs, à hauteur de ciel par les bouquets d'aiguilles. Dans les bois de feuillus il y a toujours des mouvements, la lumière joue avec les branches et les branchettes, mais les sapins opposent leur immobilité — fausse, d'ailleurs, car les aiguilles, toujours, si faiblement que ce soit, murmurent.

À peine entrevoyais-je parfois, entre les troncs, une clarté. Je pouvais ainsi situer la dépression où était logée Mende. On la savait là sous cette brume brillante et légère, toute grise sauf sa cathédrale rose.

Mais bientôt quelque chose d'à peine perceptible changea sur la route. Cela tenait au chemin lui-même mais surtout aux talus à peine marqués qui le bordaient. Les voies que j'avais suivies jusqu'alors étaient d'une suspecte platitude, elles manifestaient de façon évidente leur jeunesse. Mais tout d'un coup les bordures prirent une rondeur suave. Un églantier, quelques vieux pommiers annoncèrent l'habitat ancien.

Peu après, je vis une ruine. Les gros blocs appareillés des murs étaient faits pour résister. De cet ancien village il ne restait qu'une seule maison debout. L'ONF s'était chargé de la maintenir en l'état, les écailles du toit de lauses étaient parfaites, mais portes et fenêtres étaient hermétiquement fermées de fer gris afin d'éviter que l'on y pénétrât. Devant la porte d'entrée il y avait une esplanade de belle dimension bordée d'une murette dont la construction parfaite faisait venir les larmes aux yeux. Un mauvais poème sur un écriteau expliquait que le village était mort. Autour, les ruines des autres maisons auraient bientôt disparu, mais non pas, derrière la maison, une aire indestructible à peine envahie de végétation tant les pierres étaient, sans mortier, serrées les unes contre les autres. On y avait battu les céréales.

Il commença à bruiner. Il régnait un épais silence sans un souffle d'air. Quelques grillons chantaient. C'était un silence gonflé d'herbes et d'odeurs, comme habité de présences retenant leur respiration.

Sous la maison, une grille ouverte aux visiteurs laissait pénétrer dans un étroit couloir de roc. Il aboutissait à une grotte où depuis les temps du village vivant on capturait l'eau. Autour d'une faille où elle s'écoulait filtrée par le sol, on avait bâti une capitelle pour la préserver. J'avançai dans ce temple primitif, dans son ombre humide où croissaient les garances, dans le bruit de l'eau qui goutte à goutte remplissait la réserve de treize mètres cubes. Dans le dos j'avais le silence de l'épaisse forêt en train de noyer les pierres. C'était comme une capitelle inverse : elle était sous le sol au lieu d'être sous le ciel du plateau, elle était pleine d'eau au lieu de préserver de l'eau. Sur le seuil de cette eau translucide, je m'arrêtai, immobilisée par un mélancolique bonheur, retenue là par un réseau de fils semblables à ceux des araignées qui cousent et recousent de soie blanche les épines des buissons.

Un canal partait de la réserve, creusé dans le roc bleuissant du Causse, et menait à un bassin rectangulaire taillé comme sarcophage à même la pierre.

Dehors je retrouvai l'esplanade et ces grandes lumières des hautes terres toujours un peu surexposées même lorsqu'il fait gris. Cette magnifique économie de l'eau était cernée jusqu'au ras des murs par les grands sapins noirs. Tout aurait été silencieux sans l'infime murmure de la bruine.

Je repris la route, de chemins jaunes en chemins jaunes bordés de troncs tous semblables et grenus, comme s'ils avaient été moulés dans du plastique gris foncé. J'étais seule dans les milliers d'hectares des sapins de la mort, les mêmes arbres multipliés pour faire de la pâte à papier. Et je me perdis dans ces chemins identiques, je m'enfonçai dans des zones crépusculaires où il n'y avait à la verticale qu'un peu de ciel. Le pare-brise était envahi régulièrement de gouttes minuscules.

Le lendemain, une pluie épaisse fit revenir aux froids débuts du printemps. Je montai voir les loups à Sainte-Lucie. Des ouvriers qui travaillaient à la réfection de la route me prévinrent que je pouvais monter mais qu'avant dix heures du soir je ne pourrais redescendre à cause du goudron fraîchement répandu. Je passai quand même et m'élevai vers les hauteurs du pays des loups. Des cerfs, nez au vent, se tenaient dans de l'herbe si haute qu'elle leur montait au garrot.

Le village de Sainte-Lucie doit son peu d'existence à ce parc de trente hectares où vivent les loups. Ils ont des sources et des couverts. Mais comment ferait-on venir jusqu'ici les touristes s'il n'y avait que des loups invisibles ? Je vis donc ceux que l'on tenait à proximité des grillages, immobiles, comme éteints, incroyablement méfiants, tressautant au moindre bruit — on les attirait par des croquettes pour chien.

Il ne reste à Sainte-Lucie qu'une seule exploitation agricole. Un frère, une sœur, un ouvrier. C'est la sœur, soixante-quatorze ans, que je rencontrai. Une de ces femmes menues et noires, la peau comme collée à l'ossature du visage et le sang à fleur de peau. À cause peut-être du vent terrible qu'il faut affronter l'hiver. C'est de cela que parlait la femme, de la bise, que même les vaches craignaient, fermant les yeux, levant la tête vers le ciel blanc par temps de neige et de bise noire, refusant parfois d'aller jusqu'à l'abreuvoir.

Yvonne — elle s'appelait Yvonne — arrivait de raccompagner une tante jusqu'au bas de la route. D'où venait-elle, la tante, dans cette solitude, de quelle forteresse bâtie, comme tout ici, pour traverser le temps et qui, après sa mort, sera rachetée par le parc du Gévaudan ?

Yvonne portait du bois qu'elle posa pour me faire la conversation. Elle raconta qu'elle le sciait à la petite scie. Son frère ne voulait pas le faire, alors elle le faisait.

Elle a l'aır content, le sourire aux lèvres et aux yeux. Elle parle de sa chienne qui tout à l'heure, au gros de l'orage, happait l'eau qui coulait en torrent sur la route, comme pour la mordre.

« Elle est jeunette, dit-elle, elle est encore toute troublée. »

Des fumées montaient du fond du val de la Crueize. Il bruinait encore, mais même pas pour mouiller, tandis que nous parlions des menus riens du jour, de cette herbe à couper, des raisons pour lesquelles son frère n'avait pu faucher avant la pluie. Elle dit tout tranquillement.

Elle observe, elle s'adapte, elle passe de la fauchaison à son père mort chauve, à sa mère qui, elle, avait une belle tignasse, et comment elle tiendrait plutôt de son père. En effet, sous le chapeau de feutre devenu puce à cause des intempéries, la chevelure blanche et clairsemée ne doit pas faire un gros chignon. Elle ne paraît pas souffrir de la nostalgie d'être la dernière de son espèce, ni de son bien sans avenir. Elle est plutôt contente.

C'est pourtant vers elle que je me tournai pour oublier un peu le village frelaté, la « maison du loup », les cartes postales désolantes, la boutique à souvenirs où l'on achète pour dix francs des chevreuils et des biches en plastique et des croquettes pour attirer les loups. Vers elle, qui était vraie. C'est grâce à elle qu'un coq chantait dans le soir. Leur exploitation abandonnée, il ne restera plus ici que les résidences de luxe fermées dix mois sur douze. Et l'espace du parc.

J'allai au cimetière, je regardai le chevet de l'église à sept pans coupés — on reconnaissait dans les modillons un visage d'homme, un sanglier. Tout était mouillé, il continuait à pleuvoir à petit bruit. Un escalier extérieur montait vers le clocher à peigne. Un auvent où s'ébrouer un peu avant d'entrer, où laisser le parapluie, protégeait la porte du sanctuaire.

Je restai là longuement à attendre le crépuscule avant d'aller vers cette grande salle qui avait accueilli dans l'après-midi plusieurs cars d'enfants venus voir les loups. Les employées rangeaient avant de fermer, parlaient des trente mille visiteurs qui venaient chaque année. On en espérait quarante mille pour la prochaine saison.

Je les écoutais en regardant par la grande baie le val d'Enfer qui s'emplissait peu à peu de l'ha leine blanche de la rivière. Et tout d'un coup quelqu'un dit :

« Écoutez ! C'est le jour de la viande. »

Tout le monde se tut, nous ouvrîmes les fenêtres et nous penchâmes vers l'ombre froide.

« Nous n'avons pas entendu la camionnette qui leur porte les carcasses, mais eux ils l'ont entendue. »

Les loups chantaient. On ne peut désigner que par le mot de chant cette mélopée mélodieuse qui, venue du fond de la gorge, montait, s'épanouissait et remplissait la nuit. Des dizaines de loups saluaient la fourgonnette qui avançait sans que nous l'entendions.

Je ne reviendrai pas, ou alors un soir peut-être,

un soir de viande où le crépuscule aura noyé les souvenirs de plastique, les derniers autochtones, les croquettes, les villages morts.

Je pourrai alors les oublier, n'écouter que cette musique de la nuit des temps et rêver qu'un jour de neige excessive les loups sauteront le grillage pour chercher eux-mêmes leur pitance dans l'épaisseur des bois.

Leçons à Villeneuvette

Il faut laisser la voiture hors les murs pour pénétrer dans l'ancienne manufacture royale par une porte plein cintre au fronton de laquelle est inscrite une phrase sans mystère : HONNEUR AU TRAVAIL.

Le mur est haut. D'un côté c'est la campagne verte et grise avec ses bois de chênes légers, des frênes, des saules, des pins et des vignes encore dans la dormance de l'hiver. De l'autre c'est la vallée relativement étroite où est installée cette unité qui fut une véritable ruche de plusieurs centaines d'ouvriers, alvéolée d'habitations, organisée, où rien ne manquait, ni les cabarets, ni les commerces, l'hôtellerie ou la chapelle. Il y avait même une glacière, sous-sol bâti où l'on conservait les neiges et les glaces de l'hiver — probablement pour le confort du maître des lieux.

Le pays est doux. La vallée est protégée d'une montagne peu élevée et abritée par une haute barrière calcaire où nichent les aigles de Bonelli.

Nous pénétrons dans la cité orthogonale créée

de toutes pièces pour les besoins de l'industrie. Une ville neuve : Villeneuvette.

Dans cet espace dont on fait rapidement le tour, habité aujourd'hui de boutiques dites d'art, de buvettes, de galeries de peinture, il y eut des savoir-faire si nombreux, si précis, une organisation sociale et économique si parfaite, une vie collective si complète, qu'il est possible de donner ici une leçon d'histoire vivante. Jusqu'au commerce du monde que de ce lieu perdu on peut raconter, car les draps partaient vers les lieux mythiques du Levant : Smyrne, Constantinople. Les adultes ont toujours des pensées scolaires — ils disent éducatives — lorsqu'ils dirigent le pas des enfants.

Pourquoi de la place gracieuse où coule l'eau vive depuis les becs multiples, où je passe ma main sur le bord du lavoir devenu lisse comme du marbre de tant de linge lavé, allons-nous directement vers le grand réservoir ? L'eau y fut limpide et forte. Elle dort aujourd'hui sous les lentilles d'eau. La grille destinée à retenir les détritus afin qu'ils n'endommagent pas les turbines est toujours là, rouillée mais encore efficace. Des branches mortes, des feuilles de chêne, des sacs en plastique sont retenus entre ses dents.

Nous avons emporté des petits Lu et du chocolat noir, pas trop sophistiqué pour que l'on puisse, ma sœur et moi, retrouver fugitivement, non semblable mais approchant, le goût du chocolat d'hier, sa texture surtout, un peu granuleuse sous le lisse de la surface. Mais ma langue ne retrouvera pas le nom de MENIER qu'elle s'amusait à déchiffrer et dont je grignotais les lettres une à une avec regret.

Nous n'en sommes plus à ne distribuer qu'une seule barre — nous disions une bille — de chocolat. Les enfants viennent en demander jusqu'à épuisement de la plaque. Je garde le papier d'argent. J'en enveloppe des cailloux et des bouts de bois, et leur fais une farce :

« Venez chercher une bouchée... Venez, il y a des bonbons. »

La supercherie a été utilisée bien des fois, et s'ils font semblant d'y croire c'est peut-être pour me faire et se faire plaisir.

Les rues sont blondes. La lumière à Villeneuvette est toujours particulière. Renvoyée par la falaise de calcaire, renvoyée encore par les murs, elle a quelque chose d'irréel. Les bâtiments, les grands platanes y gagnent une sorte de transparence. Les visages aussi. Les enfants et ma sœur paraissent lumineux.

« Regardez l'aigle », leur dis-je, et je leur montre du doigt, là-haut où le soleil a une autre couleur que la clarté qui coule dans la vallée, une tache noire, petite et nette. Le beau rapace chasse. En cette saison l'aiglon est né vêtu d'un duvet blanc si épais et si frisé qu'il ressemble à de la laine d'agneau. Arrêtée un moment, le nez en l'air au bout de la rue déserte et propre, je raconte l'aigle et l'aiglon. Lorsque nous revenons à notre promenade, nous retrouvons l'air multiplement baigné de divers soleils.

Une herbe d'un vert de jeunesse a poussé à l'abri du sous-bois de l'autre côté de l'eau, de la même couleur que les lentilles.

Nous traversons.

Voilà que nous découvrons un homme allongé ou plutôt tombé dans l'herbe. Il saigne abondamment d'une blessure invisible sous le pantalon. Le temps d'avoir peur, de nous ébahir, il fait pour nous un signe d'intelligence et se redresse. Non, il n'a pas mal, mais aujourd'hui on passe les épreuves de l'examen de secouriste. Les candidats ont déjà commencé. Lui, il « est » une hémorragie de l'artère fémorale. Si on veut voir, il suffit de se reculer jusqu'à l'arbre là-bas. Il entend arriver le concurrent :

« Poussez-vous », dit-il, puis il se rallonge.

En effet, dans le sentier un homme arrive en courant. Il est suivi de deux femmes dans le costume bleu que l'on connaît pour le voir le dimanche parfois, au bord des routes, dans ces PC installés sous une tente où les secouristes attendent — espèrent ? — le moment où un appel les arrachera à une somnolence de vague conversation. L'une tient un chronomètre, l'autre un bloc où elle prend des notes. Le jeune homme, joues roses, visage poupin, un rien d'embonpoint, arrive un peu essoufflé, regarde l'allongé, le sang. Il ouvre sa trousse, en sort un petit coussin qu'il glisse sous la tête du blessé. Il essaie de dénouer la ceinture, n'y parvient pas, la tranche d'un coup de couteau, descend le pantalon, découvre une plaie affreuse d'où jaillit régulièrement un flot de sang. Pouls. Pince.

« Stop ! » crie la chronométreuse.

Le sang s'arrête. Le blessé se redresse.

« C'est assez bien, dit la preneuse de notes, mais vous auriez dû commencer par le pantalon. Vous avez perdu du temps à placer le coussin. Et puis on est un peu court de souffle, n'est-ce pas ?

— C'est vrai, dit le candidat. Je ne sais pourquoi.

— Il faudra bien suivre l'entraînement du jeudi soir.

— Je le suis pourtant.

— Ne perdons pas de temps. À l'épreuve suivante ! »

Tous trois disparaissent à petites foulées sous les chênes à peine feuillus où les bourgeons sont encore roses.

Le blessé sort de sa poche un flacon écarlate.

« C'est du vrai sang ? » demande l'un des enfants.

L'homme rit :

« Bien sûr que non ! Voyez, j'ai une pompe, je pompe régulièrement et par ce petit tuyau le sang arrive à la plaie en giclant par saccades. Le candidat doit comprendre qu'il s'agit d'une hémorragie de l'artère. Pas de la veine, de l'artère. Vous leur expliquerez, nous dit-il. Dès que le postulant fait le geste utile nous arrêtons le chronomètre. »

Il y a un moment de silence. Les enfants immobiles regardent le pantalon sanguinolent. Ils n'osent demander de voir encore couler la blessure.

Mais déjà notre interlocuteur se rajuste, met une autre ceinture et s'allonge en nous faisant signe de nous écarter.

« Je les entends arriver. »

Il ferme les yeux. Est-ce une illusion ? Je le trouve bien pâle. Vont-ils jusqu'à maquiller le blessé pour faire plus vrai, pour que le candidat ait l'illusion du réel ? Derrière nous Villeneuvette dans la lumière a l'air d'un décor.

Le candidat suivant est beaucoup plus dégourdi. Il est maigre, vif et, visiblement, tente de battre un record de vitesse. Il a droit à des « Très bien ! Très bien ! » et s'éloigne dans l'herbe tendre où le rouge du sang paraît plus rutilant.

L'« hémorragie fémorale » recharge son flacon de sang tout en nous expliquant que, si ça nous plaît, il y a plus loin un électrocuté, une fracture du crâne — ça c'est difficile — et sur la route en sortant vers Mourèze une simulation d'accident avec un éclatement de la rate — ça aussi c'est difficile —, des fractures ouvertes, un blessé coincé contre le volant.

« Mais surtout ne dites rien. Regardez sans rien dire. Ça vous dirait, les petits, de devenir secouristes ? »

Je ne sais pas, mais ils voudraient tout de suite aller voir l'accident de voiture. Avec ma sœur nous proposons d'aller d'abord vers l'électrocuté et la fracture du crâne. Je dis bêtement : « Ça peut leur servir » mais je ne suis pas fâchée de ce théâtre inattendu, dans le doux tout premier printemps, incongru dans ce lieu où nous espérions — mais l'espérions-nous vraiment ? — leur donner une leçon d'histoire.

Nous arrivons à l'électrocuté. Lui, il est carrément maquillé. Pâle, le nez pincé, il a l'air vraiment évanoui.

Justement le candidat arrive. Un coup d'œil à droite, à gauche. Il va derrière l'arbre arrêter l'accumulateur. Ce n'est pas du jeu, il est trop fort. Il paraît que s'il avait touché l'électrocuté il aurait reçu une décharge légère et aurait eu zéro. Mais le futur secouriste était un malin. J'entends Vincent dire plein d'espoir à son cousin :

« Peut-être que le prochain prendra la décharge. »

L'autre ajoute :

« Ça doit faire comme quand on pêche une torpille. »

Mais le candidat suivant est tout aussi doué et nous en sommes pour nos frais. Laurent qui courait en avant revient vers nous :

« Vite, venez, c'est par là la fracture du crâne ! »

Cette fois nous en avons pour notre argent. Les plaies du blessé volontaire sont impressionnantes, béantes, les bords blêmes. Le sang de plastique est plus vrai que nature. Nous restons pour trois ou quatre candidats qui cette fois doivent téléphoner, couvrir le blessé mais ne pas le bouger.

Le soleil a plongé, il fait frais. Nous sommes dans une ombre qui n'en est pas une, toute lumineuse. Les falaises de calcaire sans épaisseur, les murs de la filature, les rues, nagent dans une grisaille aux reflets cuivrés. Tout est redevenu grand décor en trompe l'œil. Ne sommes-nous pas au spectacle ? Vite, nous retraversons la manufacture où nous n'avons rien vu. Le salon de thé est ouvert.

« Nous reviendrons tout à l'heure, dit Mathilde, puisqu'ils veulent voir l'accident. »

Nous aussi nous voulons.

Les gyrophares éclairent une scène que regardent une dizaine de spectateurs pour la plupart amis des candidats.

La voiture a piqué du nez dans le fossé. Deux jeunes gens s'activent à dégager le siège du conducteur. Un des acteurs, l'éclatement de la rate, court, se plaint d'avoir mal, tragique dans la clarté du soir, s'approche des secouristes, réclame de l'aide qu'on lui refuse. La fracture ouverte est allongée au bord de la route. Toute une équipe s'active, soudée, efficace. C'est un ballet aux évolutions précises dans une lumière étudiée minutieusement pour ses effets.

Un peu plus tard nous apprendrons que l'éclatement de la rate ne devait pas être refoulé, qu'au contraire il fallait demander d'urgence une ambulance pour évacuer ce blessé grave qui avait besoin de soins immédiats. On nous explique tout cela autour d'un vin chaud distribué aux candidats et aux examinateurs. Nous en profitons. Personne ne nous demande qui nous sommes.

« Ce n'est pas le plus spectaculaire qui est le plus grave parfois », dit sentencieusement un secouriste estampillé.

Il a l'air d'énoncer la morale de l'histoire avant que ne retombe le rideau. Et en effet les gyrophares s'éteignent, les blessés décollent de l'ongle leurs plaies et les rangent. Ils en ont une pleine caisse de toutes les formes et de toutes les tailles, comme les acteurs possèdent leur boîte à maquillage, leurs fausses moustaches et leurs perruques.

Le soir, de verre par sa fraîcheur et sa limpidité, nous rattrape à grands pas. Le salon de thé est fermé. Vais-je dire que les portes de Villeneuvette, comme dans une forteresse, fermaient à neuf heures, le soir au temps de la filature active ?

Les enfants n'ont rien visité du lieu historique. Ils se sont amusés à attraper du bout d'une branche des paquets de lentilles d'eau aussi vertes que l'herbe. Les latrines les ont retenus un moment mais elles ne valent pas celles des châteaux forts qui étaient plus drôles. Ils s'asseyaient sur la pierre trouée donnant directement sur le vide en riant beaucoup à l'idée que quelqu'un pouvait passer dessous.

Ils parlent d'autre chose. De celui qui a été collé. Du sang surtout.

Moi je comptais leur raconter la grande chaîne

de la laine depuis les brebis caussenardes jusqu'au drap, de l'ensimage, du cardage, des foulons, des divisions en « isles » de Villeneuvette : isle de l'Église, isle des Tisserands, isle de l'Hôtellerie, isle des Teinturiers. J'avais tout préparé sur les ingénieurs chimistes et la magie de la couleur. J'en savais des choses sur l'écarlate, la cochenille, la racine de garance, l'indigo, sur le teinturier penché au-dessus de ses cuves comme un cuisinier attentif à réussir la sauce du pastel. Je devais raconter la capture de l'eau, le grand vivier creusé à même le roc, les chemins de l'eau portée par l'aqueduc de l'Amour jusqu'à la fontaine jaillissante où ils ont bu puis joué à s'éclabousser. Je voulais...

Il nous faudra revenir.

Table

Petite Bibliothèque Payot / Voyageurs

Edward Abbey, Désert solitaire / **228**
John James Audubon, Journal du Missouri / **142**
Nicolas Baïkov, Dans les collines de Mandchourie / **380**
Nigel Barley, Un anthropologue en déroute / **176**
Nigel Barley, Le retour de l'anthropologue / **267**
Nigel Barley, L'anthropologie n'est pas un sport dangereux / **365**
Jean-Michel Barrault, Le *Sacre* et La *Pensée* / **282**
Sybille Bedford, Visite à Don Otavio / **102**
Nicole-Lise Bernheim, Chambres d'ailleurs / **363**
Alain Blottière, L'oasis / **210**
Jean-Claude Bourlès, Retours à Conques / **242**
Jean-Claude Bourlès, Le grand chemin de Compostelle / **341**
Jean-Claude Bourlès, Une Bretagne intérieure / **404**
Jean-Claude Bourlès, Passants de Compostelle / **406**
Nicolas Bouvier, Chronique japonaise / **53**
Nicolas Bouvier, L'usage du monde / **100**
Nicolas Bouvier, Journal d'Aran et d'autres lieux / **155**
Bill Bryson, Motel Blues / **260**
Frank Bullen, La croisière du *Cachalot* / **147**
Richard F. Burton / John Speke, Aux sources du Nil / **58**
Robert Byron, Route d'Oxiane / **137**
Pino Cacucci, Poussières mexicaines / **307**
Jean Clair, Le voyageur égoïste / **364**
Jean Clausel, Indes / **372**
Jean-Luc Coatalem, Mission au Paraguay / **346**
Anita Conti, Géants des mers chaudes / **322**
Anita Conti, Racleurs d'océans / **339**
Jules Crevaux, Le mendiant de l'Eldorado / **135**
Jules Crevaux, En radeau sur l'Orénoque / **193**
Richard H. Dana, Deux années sur le gaillard d'avant / **266**
Paul Del Perugia, Les derniers rois mages / **154**
Charles M. Doughty, Arabia Deserta / **189**
Lady Lucie Duff Gordon, Lettres d'Égypte / **333**
Gerald Durrell, La forêt ivre / **221**
Gerald Durrell, Le aye-aye et moi / **313**

Petite Bibliothèque Payot

Philippe Boulu, La dynamique du cerveau / **124**

François Boureau, Contrôlez votre douleur / **60**

Jean Bourguignon / Charles Houin, Vie d'Arthur Rimbaud / **172**

Régis Boyer, La saga de saint Óláf / **77**

T. Berry Brazelton, Écoutez votre enfant / **74**

T. Berry Brazelton, L'enfant et son médecin / **139**

Jacques Brosse, Mythologie des arbres / **161**

François Burgat, L'islamisme au Maghreb / **241**

Louis-Jean Calvet, Georges Brassens / **129**

Véronique Campion-Vincent/Jean-Bruno Renard,
Légendes urbaines / **338**

Henri Carré, Sully / **355**

Olivier Carré, Le nationalisme arabe / **285**

Bernard Cathelat, Publicité et société / **83**

Léonce Chaleil, La mémoire du village / **192**

Jean-Pierre Chartier, Introduction à la pensée freudienne / **162**

Jean-Pierre Chartier, Les parents martyrs / **163**

Roger Chartier, Pratiques de la lecture / **167**

Malek Chebel, L'esprit de sérail / **265**

Malek Chebel,
Le livre des séductions, *suivi de* Dix aphorismes sur l'amour / **284**

Malek Chebel, La formation de l'identité politique / **331**

Léon Chertok, L'hypnose / **10**

Louis Chevalier, Juanito / **213**

Bernard Chevallier / Christophe Pincemaille,
L'impératrice Joséphine / **309**

Victor Chklovski, Le voyage de Marco Polo / **127**

Noam Chomsky, Le langage et la pensée / **31**

George Clare, Dernière valse à Vienne / **345**

Commission « Efficacité de l'État » du Xe Plan présidée par
François de Closets, Le pari de la responsabilité / **21**

A. Cohen, Le Talmud / **65**

Peter Collier / David Horowitz, Les Kennedy / **101**

Politique d'Auguste Comte,
Textes choisis et présentés par Juliette Grange / **293**

Politique de Condorcet,
Textes choisis et présentés par Charles Coutel / **281**

Edward Conze, Le bouddhisme / **223**

Le Coran, tome I / **349**, tome II / **350**
Joël Cornette, Le roi de guerre / **391**
Egon C. Corti, Élisabeth d'Autriche / **125**
Egon C. Corti,
Vie, mort et résurrection d'Herculanum et de Pompéi / **268**
Bernard Cottret, Calvin / **348**
Youssef Courbage / Philippe Fargues,
Chrétiens et Juifs dans l'Islam arabe et turc / **310**
Jean-Jacques Courtine / Claudine Haroche,
Histoire du visage / **185**
Maurice Croiset, La civilisation de la Grèce antique / **206**
Roger Dadoun, Cent fleurs pour Wilhelm Reich / **359**
Liza C. Dalby, Geisha / **106**
Christian David, L'état amoureux / **36**
Christian David, La bisexualité psychique / **326**
Marie-Madeleine Davy, Encyclopédie des mystiques I / **273**
Marie-Madeleine Davy, Encyclopédie des mystiques II / **274**
Marie-Madeleine Davy, Encyclopédie des mystiques III / **275**
Marie-Madeleine Davy, Encyclopédie des mystiques IV / **276**
Hélène Deutsch, Problèmes de l'adolescence / **67**
Paul Diel, Le symbolisme dans la mythologie grecque / **7**
Paul Diel, Éducation et rééducation / **19**
Paul Diel, Le symbolisme dans la Bible / **20**
Paul Diel, Psychologie de la motivation / **66**
Paul Diel, La divinité / **71**
Paul Diel, La peur et l'angoisse / **78**
Paul Diel / Jeanine Solotareff,
Le symbolisme dans l'Évangile de Jean / **200**
Françoise Dolto / J. D. Nasio, L'enfant du miroir / **110**
Henri Dontenville, Mythologie française / **332**
Jean Doresse, Les livres secrets de l'Égypte / **329**
Albert Einstein, La relativité / **25**
Frank Elgar, Cézanne / **253**
Mircea Eliade, Religions australiennes / **352**
Christine Fauré,
Les déclarations des droits de l'homme de 1789 / **81**
Sandor Ferenczi, Thalassa / **112**
Thomas Ferenczi, L'invention du journalisme en France / **279**

Marc Ferro, Nicolas II / **62**
Marc Ferro, Comment on raconte l'histoire aux enfants / **82**
Moses I. Finley, Démocratie antique et démocratie moderne / **35**
James G. Frazer, Mythes sur l'origine du feu / **48**
Sigmund Freud,
Cinq leçons sur la psychanalyse, *suivi de* Contribution à l'histoire du mouvement psychanalytique / **1**
Sigmund Freud, Totem et tabou / **9**
Sigmund Freud, Psychopathologie de la vie quotidienne / **11**
Sigmund Freud, Essais de psychanalyse / **15**
Sigmund Freud, Introduction à la psychanalyse / **16**
Sigmund Freud / William C. Bullitt,
Le Président T. W. Wilson. Portrait psychologique / **27**
Erich Fromm, Le langage oublié / **17**
Erich Fromm, Le cœur de l'homme / **68**
Albert Gabrieleff, Psychiatre de quartier / **367**
John Kenneth Galbraith, La crise économique de 1929 / **3**
Théodore H. Gaster, Les plus anciens contes de l'humanité / **369**
Philippe Gillet, Le goût et les mots / **144**
Eva-Marie Golder, Au seuil de l'inconscient / **381**
Albert Grenier, Les Gaulois / **202**
Pierre Grimal, L'amour à Rome / **231**
Mirko D. Grmek, Claude Bernard / **69**
Mirko D. Grmek, Histoire du sida / **236**
Béla Grumberger, Le narcissisme / **160**
Jean Guiloineau, Nelson Mandela / **190**
Christian Guyonvarc'h / Françoise Le Roux,
La civilisation celtique / **254**
Esther Harding, Les mystères de la femme / **407**
Michael J. Harner, Les Jivaros / **264**
Gisèle Harrus-Révidi, Psychanalyse de la gourmandise/ **314**
Jean Hatzfeld, Histoire de la Grèce ancienne / **226**
Heinrich H. Houben, Christophe Colomb / **93**
Johan Huizinga, L'automne du Moyen Âge / **6**
William James, Aux étudiants, aux enseignants / **373**
William James, Expériences d'un psychiste / **374**
Karl Jaspers, Initiation à la méthode philosophique / **174**
Alain Joxe, L'Amérique mercenaire / **232**

Odette Joyeux, Le troisième œil. La vie de Nicéphore Niepce / **165**
Carl Gustav Jung / Charles Kérényi,
Introduction à l'essence de la mythologie / **168**
Ernst Jünger, Le boqueteau 125 / **240**
Helen A. Keller, Sourde, muette, aveugle / **59**
Paul Kennedy, Naissance et déclin des grandes puissances / **63**
John Maynard Keynes, Essais sur la monnaie et l'économie / **24**
A. Kirkpatrick, Les conquistadors espagnols / **92**
Mélanie Klein / Joan Riviere, L'amour et la haine / **18**
Étienne de La Boétie, Le discours de la servitude volontaire / **134**
Élisabeth Labrousse, La révocation de l'Édit de Nantes / **34**
Étienne Lamazou, L'ours et les brebis / **250**
François Laplantine, L'anthropologie / **227**
Jean-Philippe Lauer, Saqqarah / **107**
T. E. Lawrence, Les sept piliers de la sagesse / **99**
Michel Le Bris, L'homme aux semelles de vent / **95**
Michel Le Bris,
Une amitié littéraire : Henry James-Robert L. Stevenson / **177**
Michel H. Ledoux, Introduction à l'œuvre de Françoise Dolto / **262**
Jean-G. Lemaire, La relaxation / **45**
Jean-G. Lemaire, Les mots du couple / **398**
Sous la direction de **Bernard Lewis,** L'islam / **207**
Jean-Pierre Letort-Trégaro, Pierre Abélard / **311**
Anna Lietti, Pour une éducation bilingue / **179**
Lin Yutang, La Chine et les Chinois / **316**
Le Livre interdit,
Textes choisis et présentés par Jean-Christophe Abramovici / **298**
Konrad Lorenz, Évolution et modification du comportement / **33**
Robert Löwie, Histoire de l'ethnologie classique / **49**
Georges Lukacs, Le roman historique / **388**
Margaret Mahler, Psychose infantile / **30**
Maine de Biran : la vie intérieure,
Textes choisis et présentés par Bruce Bégout / **237**
Bronislaw Malinowski,
La sexualité et sa répression dans les sociétés primitives / **28**
Bronislaw Malinowski, La vie sexuelle des sauvages / **378**
Thomas Mann, Goethe et Tolstoï / **366**
Jean Markale, La femme celte / **108**

Karl Marx, Misère de la philosophie,
Textes choisis et présentés par Jean Kessler / **294**
Henri Massé, Anthologie persane / **330**
Les Matérialistes au XVIIIe siècle,
Textes choisis et présentés par Jean-Claude Bourdin / **280**
Predrag Matvejevitch, Bréviaire méditerranéen / **251**
Marcel Mauss, Manuel d'ethnographie / **13**
Gérard Mendel, Pour décoloniser l'enfant / **5**
Jack Messy, La personne âgée n'existe pas / **180**
Jacques Meunier, Le monocle de Joseph Conrad / **150**
A. de Mijolla / S. A. Shentoub,
Pour une psychanalyse de l'alcoolisme / **40**
Pierre Milza, Voyage en Ritalie / **224**
Eugène Minkowski, La schizophrénie / **328**
Eugène Minkowski, Vers une cosmologie / **370**
Marie Moscovici, Il est arrivé quelque chose / **46**
Georges Mounin, La sémantique / **317**
J. D. Nasio,
Enseignement de 7 concepts cruciaux de la psychanalyse / **111**
J. D. Nasio, Cinq leçons sur la théorie de Jacques Lacan / **203**
J. D. Nasio, L'hystérie / **263**
J. D. Nasio, Le plaisir de lire Freud / **356**
J. D. Nasio, Le silence en psychanalyse / **400**
André Neher, L'identité juive / **198**
André Neher, Prophètes et prophéties / **272**
Jean-Pierre Néraudau, Être enfant à Rome / **295**
Rudolf Otto, Le sacré / **218**
Rudolf Otto, Mystique d'Orient et mystique d'Occident / **278**
Marc-Alain Ouaknin,
Concerto pour quatre consonnes sans voyelles / **186**
Marc-Alain Ouaknin, Méditations érotiques / **187**
André Parrot, L'archéologie / **303**
Willy Pasini, La qualité des sentiments / **243**
Willy Pasini, Éloge de l'intimité / **306**
Willy Pasini, Nourriture et amour / **335**
Michel Perrin, Le chemin des Indiens morts / **297**
Michel Pinçon / Monique Pinçon-Charlot, La chasse à courre / **269**
Danielle Porte, Le prêtre à Rome / **255**

Bibliothèque Payot / Échecs

Michel Benoit, Les échecs en trois jours / **215**
Bernard Cafferty, Les 100 meilleures parties de Spassky / **290**
Max Euwe / Walter Meiden, Maître contre amateur / **156**
Max Euwe / Walter Meiden, L'amateur devient maître / **216**
E. Goufeld / N. Kalinitchenko, Encyclopédie des ouvertures / **371**
A. Haïk / C. Fornasari, Les échecs spectaculaires / **347**
Alexandre Koblentz, L'école des échecs, I / **217**
Alexandre Kotov, L'école des échecs, II / **225**
Bent Larsen, Mes 50 meilleures parties d'échecs / **116**
Emanuel Lasker, Le bon sens aux échecs / **178**
Pierre Meinsohn, Les secrets des maîtres d'échecs / **296**
Aaron Nimzowitsch, Mon système I / **157**
Aaron Nimzowitsch, Mon système II / **158**
Aaron Nimzowitsch, Pratique de mon système / **261**
Ludek Pachman, Les ouvertures / **173**
G. Renaud/ V. Kahn, L'art de faire mat / **323**
Richard Réti, Les idées modernes aux échecs / **315**
Richard Réti, Cours scientifique d'échecs / **336**
Michael Stean, Les échecs simples / **114**
Siegbert Tarrasch, Traité pratique du jeu d'échecs / **117**
Xavier Tartacover, Tartacover vous parle / **115**

Impression réalisée sur CAMERON par

BUSSIÈRE CAMEDAN IMPRIMERIES

GROUPE CPI

à Saint-Amand-Montrond (Cher)
pour le compte des Éditions Payot & Rivages
en avril 2001

N° d'impression : 012019/1.
Dépôt légal : avril 2001.
Imprimé en France